Eve Baker

Pfade in Einsamkeit

BoD – Books on Demand

Ins Deutsche übersetzt von Wolfgang Albers

Titel der Originalausgabe: Paths in Solitude, 1995
ISBN 085439513X

Cover: Wandteppich im Oratorium des Gethsemaneklosters
Goslar / Riechenberg

Bibliografische Information der Deutschen Nationalbibliothek: Die Deutsche Nationalbibliothek verzeichnet diese Publikation in der Deutschen Nationalbibliografie; detaillierte bibliografische Daten sind im Internet über dnb.dnb.de abrufbar.

3. verbesserte Auflage

Herstellung und Verlag:
BoD – Books on Demand, Norderstedt

ISBN 9783752836165

Ahab erzählte Isebel alles, was Elija getan, auch dass er alle Propheten mit dem Schwert getötet habe. Sie schickte einen Boten zu Elija und ließ ihm sagen: Die Götter sollen mir dies und das antun, wenn ich morgen um

diese Zeit dein Leben nicht dem Leben eines jeden von ihnen gleich mache. Elija geriet in Angst, machte sich auf und ging weg, um sein Leben zu retten. Er kam nach Beerscheba in Juda und ließ dort seinen Diener zurück. Er selbst ging eine Tagereise weit in die Wüste hinein. Dort setzte er sich unter einen Ginsterstrauch und wünschte sich den Tod. Er sagte: Nun ist es genug, Herr. Nimm mein Leben; denn ich bin nicht besser als meine Väter. Dann legte er sich unter den Ginsterstrauch und schlief ein. Doch ein Engel rührte ihn an und sprach: Steh auf und iss! Als er um sich blickte sah er neben seinem Kopf Brot, das in glühender Asche gebacken war, und einen Krug mit Wasser. Er aß und trank und legte sich wieder hin. Doch der Engel des Herrn kam zum zweiten Mal, rührte ihn an und sprach: Steh auf und iss! Sonst ist der Weg zu weit für dich. Da stand er auf, aß und trank und wanderte, durch diese Speise ge-

stärkt, vierzig Tage und vierzig Nächte bis zum Gottesberg Horeb. Dort ging er in eine Höhle, um darin zu übernachten. Doch das Wort des Herrn erging an ihn: Was willst du hier, Elija? Er sagte: Mit leidenschaftlichem Eifer bin ich für den Herrn, den Gott der Heere, eingetreten, weil die Israeliten deinen Bund verlassen, deine Altäre zerstört und deine Propheten mit dem Schwert getötet haben. Ich allein bin übriggeblieben, und nun trachten sie auch mir nach dem Leben. Der Herr antwortete: Komm heraus, und stell dich auf den Berg vor den Herrn! Da zog der Herr vorüber: Ein starker, heftiger Sturm, der die Berge zerriss und die Felsen zerbrach, ging dem Herrn voraus. Doch der Herr war nicht im Sturm. Nach dem Sturm kam ein Erdbeben. Doch der Herr war nicht im Erdbeben. Nach dem Beben kam ein Feuer. Doch der Herr war nicht im Feuer. Nach dem Feuer kam ein sanftes, leises Säuseln. Als Elija es hörte, hüllte er sein Gesicht in den Mantel, trat hinaus und stellte sich an den Eingang der Höhle.

1. Könige 19,1 – 13a

Inhaltsverzeichnis

Einführung

Einsamkeit ist heute schwer zu finden. Die Berge, die einmal Orte der Einsamkeit waren, sind Spielplätze vieler geworden. Stadtkultur ist die vorherrschende geworden, und man fühlt sich nicht wohl, wenn man nicht in der Menge ist. Einsamkeit und Schweigen sind sowohl eine Bedrohung als ein Vorwurf. Die Probleme von heute, Krieg, Armut, Hungersnot und Verschmutzung der Umwelt drängen uns, eine gerechtere und stabilere Gesellschaft und ein nachhaltiges Universum zu installieren. Die religiöse Aufgabe wird heute darin gesehen, Gemeinschaft zu schaffen, in der Hoffnung, dass wir lernen mögen, zusammen in Frieden in unserer überbevölkerten Welt zu leben.

Es gibt viele, die umständehalber, wegen des Berufs, aus Krankheits- oder Altersgründen in einsamer Weise leben. Ihre Einsamkeit ist nicht notwendigerweise eine willkommene Erfahrung; sie kann als Vereinsamung oder Isolation von menschlichen Kontakten empfunden werden. Für solche ist Einsamkeit eine Erfahrung von Bitterkeit, unterstrichen durch moderne soziologische Theorie; wie die heutige Mode in der Spiritualität arbeitet sie mit einem Modell von Zusammengehörigkeit. Lag noch wie im Mittelalter bis vor fünfzig Jahren der Hauptaspekt der Spiritualität auf der Rettung der Seele eines Jeden, so ist es heute wichtig, dass jeder von seinem Unglück, seiner Armut und seiner Verhaltensstörung gerettet wird. Nach diesem Modell ist der einsame Mensch einer, der den Werten der Gesellschaft entfremdet ist.[1] Das in der Medizin allgemein anerkannte Modell der Isolation, führt uns dazu anzunehmen, dass das was abgeschnitten ist, abweichend, eine Verirrung ist. Diejenigen, die einsam sind, sind krank, benachteiligt und unglücklich.

Und doch scheint es so, dass Einsamkeit nie so sehr gesucht worden ist wie heute. Hinter dieser Suche steht eigentlich nicht der psychische Druck des städtischen Lebens, der den Wunsch aufkommen lässt „weg von allem" zu sein. Die meisten Leute heutzutage haben weit mehr Freizeit als unsere Vorfahren je kannten. Abwechslung und Szenenwechsel sind Teil des modernen Lebensmusters. Die Idee der Ferien hat ihre Wurzel in der jüdischen Institution Sabbat, der reguläre Tag, an dem Lasten niedergelegt werden, die Ruhe von täglicher Sorge. Das heutige Wochenende mit seiner rasenden Aktivität hat nicht denselben erholsamen Effekt. Das Vergnügen ist da, es ist der Frieden, der fehlt.

Aber die Retreat-Bewegung blüht auf; der Mensch sucht etwas, das er in seinem täglichen Leben vermisst, Stille und Einsamkeit. Sogar religiöse Kommunitäten, bei denen man doch mehr Stille und Einsamkeit als an anderen Orten erwarten würde, haben inzwischen ein oder zwei Caravans in Wäldern versteckt. Diese Suche nach äußerer Einsamkeit spiegelt die Suche nach innerer Einsamkeit, zu der sich eine wachsende Anzahl berufen fühlt. Diese immer umfangreicher werdende Bewegung scheint den heutigen Theologien entgegenzulaufen, die nämlich mit einem Bild von einem immanenten Gott arbeiten, einem der gefunden werden soll in den Anderen, den Ebenbildern der menschlichen Inkarnation Christi. Solche Modelle sind an die Stelle der früheren getreten, der Modelle von einem über der Welt thronenden Gott und göttlichem Herrscher, der sich in Hierarchie und Monarchie als menschliche Institutionen widerspiegelte. Diese Vorstellungen sind inzwischen leer und sinnlos geworden. Die tatsächliche Macht, die die alten Gebilde einmal beinhalteten, ist heute zu gesichtslosen internationalen Körperschaften übergegangen.

Heute ist Suche nach Einsamkeit eine Suche nach Gott, dem göttlich Anderen, der uns in das Mysterium von Gottes Sein zieht, jenseits von uns selbst. Schweigen und Einsamkeit weisen hin auf das Unbekannte, das was jenseits unserer täglichen Erfahrung von Lärm und Geschäft der modernen Welt ist. Einsam zu sein bedeutet nicht vom realen Leben zu fliehen, sondern sich des Mysteriums bewusst zu sein, das Teil des menschlichen Lebens ist. Das ganze Konzept dessen was wir unter Menschsein verstehen, beinhaltet die Dimension des Mysteriums. Die moderne wissenschaftliche Weltsicht trachtet danach, dieses Element des Mysteriums im menschlichen Leben auszuschließen; in der Praxis behandelt die moderne Medizin uns alle, als wären wir eine Sammlung von Körpern in unterschiedlichen Stadien des Verfalls, die wie Maschinen geflickt und repariert werden müssen, um wieder voll zu funktionieren. Psychologische Medizin behandelt Aspekte menschlichen Verhaltens mit der Absicht, dass der Mensch wieder zum „Normalen" zurückkehrt. Normen sind natürlich statistische Fiktionen; nichtsdestoweniger bilden sie die Grenzen sozialer Akzeptanz, das Zwangsbett, wo man gestreckt oder gekürzt wird bis es passt.[2]

Wenn das Element des Mysteriums aus menschlichem Leben entfernt wird, sind wir eingeschränkt innerhalb der Grenzen menschlichen Wissens, in der Sphäre der Spezialisten, wo - um es populär auszudrücken - mehr und mehr über weniger und weniger bekannt ist. Mit Hilfe von Wissen halten wir uns das Mysterium vom Leib und räumen die Bedrohung weg, die unser Sein mit sich bringt. Die Experten bewachen die Welt und bewahren sie vor dem Risiko, nicht zu sein. Der Experte ist derjenige, der mehr weiß als die meisten.

Wissen in dem Sinn, wie wir es im Westen verstehen, ist Macht. Strukturen von Wissen sind die Art und Weise, durch die wir uns selbst in der Welt platzieren und Macht über die Existenzängste erlangen. In dieser Art nehmen wir uns selbst als Objekte, zähmen sie und machen sie und damit uns zu Werkzeugen unserer Bemühungen. Die westliche Zivilisation basiert auf dieser Idee von Herrschaft, vom Menschen, der das Zentrum und der Dreh- und Angelpunkt des Universums ist, vom Menschen als Maß aller Dinge. Im Zeitalter des Computers scheint die totale Kontrolle alles Wissens zum Greifen nahe zu sein. Wir sind einen langen Weg gegangen seit Kolumbus, dessen Freunde ihn davon abhalten wollten, sich jenseits der Grenzen der bekannten Welt zu bewegen, weil er sonst von der Kante in den Abgrund des Nichts fallen würde.

Doch ist es das tiefgreifende Mysterium menschlichen Lebens, das uns zu etwas macht, was mehr ist als nur ein Problem sozialer oder medizinischer Technik. Unser Anfang und unser Ende, unsere Geburt und unser Sterben sind mysteriöse Ereignisse, deren wir gewahr werden, wenn wir andere beobachten wie sie geboren werden oder sterben. Es ist das Element Mysterium, das das Thema von Religion ist; sie nähert sich ihm in erster Linie nicht mit Hilfe von Analyse oder Reduktion (obwohl diese beiden Methoden und andere in westlicher Religion vorhanden sind), sondern durch Ehrfurcht oder Anbetung, eine Anerkennung des Mysteriums jenseits des Wissens.

Die Sprache des Mysteriums ist Weisheit, nicht wissenschaftlicher Diskurs.[3] Es ist die Tragödie der westlichen Kirche, dass sie ihren Glauben mehr in scientia, sicherem Wissen als in sapientia, Weisheit darstellt. Scientia sucht danach, die Grenzen des Mysteriums zurückzustoßen, sapientia sucht danach, das Mysterium zu präsentieren. Das ist die Funktion der Liturgie, welche nie auf das Niveau bloß menschlicher Angelegenheiten reduziert werden sollte. Die Orthodoxen Kirchen mit ihren Ikonostasen haben äußerste Betonung auf das Element Mysterium in ihrer Liturgie gelegt, was vielleicht das Geheimnis ihres augenblicklichen Reizes für westliche Sucher ausmacht. Westliche Liturgien in ihren Reformen der letzten zwanzig Jahre haben nach Bedeutung gesucht, auf

Kosten des Mysteriums. Vielleicht ist es jetzt Zeit, ein paar Dichter anzuwerben, um die Sprache des Mysteriums wieder zu formulieren.[4] Das tiefgreifende Mysterium Gottes bewegt sich wie ein Schatten jenseits der Grenzen der prosaischen Sprache. Wie in der Musik schaffen die stillen Sequenzen der Liturgie den offenen Raum für Gott.

Im Schweigen und in Einsamkeit entsteht der Sog, dem Mysterium Gottes zu begegnen. Man kann nicht das Mysterium in Worten fassen oder wie Jakob an der Furt (Gen 32,27)[5] danach streben, den Namen zu wissen, um Macht zu haben (über das Mysterium, über Gott). Der / das Unbekannte bleibt jenseits unseres Verstehens. Vielmehr hat das Mysterium, hat Gott die Macht, uns zu sich zu ziehen; der ganz andere ist es, der unser ganzes Sein sucht. Dieses Schweigen und diese Einsamkeit begegnen uns vielleicht sprunghaft, als eine Erfahrung, die uns manchmal unter Druck setzt, oder es kann etwas sein, das besondere Anforderungen an unser Leben stellt. Man wird einsam, wenn man Ja sagt zu diesen Forderungen.

Der Einsame ist der Überbringer der Zukunft, dessen was noch nicht geboren ist, des Mysteriums, das jenseits des Lampenlichtkreises oder der Kante der bekannten Welt liegt. Es gibt einige, die in diese unbekannte Welt des Mysteriums einfallen und zurückkommen und Kunst hervorbringen. Das sind die schöpferischen Künstler, die Dichter, die uns ihre Vision des Mysteriums anbieten. Orpheus, der legendäre Dichter und Musiker, wird dargestellt als einer, der die Macht über das Mysterium und die natürliche Welt hat, der die wilden Tiere verzaubert, der Bäume rausreißt und Felsen von ihrem Platz rückt und Flüsse in ihrem Strom stoppt. Aber es gibt auch jene, die Einsamkeit zu ihrem Heim machen, die noch weiter in die innere Wüste ziehen, von der sie wohl kaum Kunstwerke mit zurückbringen. Das sind die Kontemplativen, jene die in das Herz des Mysteriums gezogen werden. Kontemplative haben keine Funktion und kein Amt. Sie sind in der Welt wie ein Fisch im Meer, um Katarina von Sienas Satz zu gebrauchen, als Teil des Mysteriums. Dass sie notwendig sind, ist durch die Tatsache belegt, dass sie in allen religiösen Traditionen existieren. Kontemplative sind in der Regel nicht zu Aktivität berufen. Sie sind nutzlose Leute und deshalb wenig verstanden in einer Welt, die alles nach Nützlichkeit und am Verkaufswert misst. Sie kommen nicht zurück und bringen Kunst hervor, wie etwa der Dichter, sondern sie bleiben in der Wüste, weisen auf das Mysterium hin, ziehen andere mit hinein.

Anmerkungen

Hinweis:

EB   bedeutet Eve Baker

WAL   bedeutet Wolfgang Albers

1.   Der Fülle an Literatur in der Sozialanalyse und Beratung, ebenso an moderner Dichtung des 20. Jahrhunderts liegt dieses Modell zugrunde. Das deutsche Wort Einsamkeit beschränkt sich dabei dem Sinn nach auf Allein(gelassen)sein, Verlassenheit, Vereinsamung, was eher hinter dem englischen Wort loneliness steht.

Im vorliegenden Buch ist Einsamkeit (solitude) der Zustand, dem freiwillig zugestimmt wird, oft eine innere Haltung, die äußerlich in geschäftiger Umgebung möglicherweise nicht auszumachen ist. Es gibt einen Lebensstil, der als einsam bezeichnet wird. Und wenn er nicht ausdrücklich mit Anachoret, Eremit, Einsiedler, Mönch, Anchorit, Rekluse oder Prophet bezeichnet wird, ist er ein Einsamer (solitary). WAL

2. Vgl. die griechische Sagengestalt Prokrustes: der hinterhältige, aber mächtige Wegelagerer, der seine Gäste, die auf ihn hereinfallen, gewaltsam streckt, wenn sie für das Bett zu klein sind, oder gewaltsam kürzt, wenn sie zu groß sind.

3. Hölderlin beklagt seinen verhängnisvollen Irrtum, durch Wissenschaft dem Geheimnis des Lebens auf die Spur kommen zu können: „Ach, wär ich nie in eure Schulen gegangen! Die Wissenschaft, der ich in den Schacht hinunter folgte …, die hat mir alles verdorben. Ich bin bei euch so recht vernünftig geworden, habe gründlich mich unterscheiden gelernt, bin nun vereinzelt in der schönen Welt, ausgeworfen aus dem Garten, wo ich wuchs und blühte, und vertrockne." (F. Hölderlin, Hyperion, Erster Band, erstes Buch, a.a.O., S. 128)

4. Karl-Josef Kuschel, Vielleicht hält Gott sich einige Dichter, S. 11: „… damit das Reden von ihm jene heilige Unberechenbarkeit bewahre, die den Priestern und Theologen abhandengekommen ist.", Mainz 1991

5. Abkürzungen der Bibelstellen entsprechen der Einheitsübersetzung der Heiligen Schrift, Stuttgart 2000; was Jakob an der Furt des Grenzflusses Jabbok „in der Einsamkeit der Nacht" erfährt, beschreibt Heinz Zahrnt als unsere Grunderfahrung: „die Unverfügbarkeit menschlichen Daseins", in: Von der Kraft der sieben Einsamkeiten (Hrsg. R. Walter), S. 99-104, Freiburg i. Br. 1984

Teil 1

Aspekte von Einsamkeit

Kapitel 1

Gesellschaft und Einsamkeit

Menschen begegnen Einsamkeit unterschiedlich. Die einen sehen sie als Vereinsamung, die als typisch moderne Erfahrung beschrieben wird. Aber Vereinsamung ist nicht Einsamkeit. Vereinsamung, anders als Einsamkeit, ist sozial bestimmt; man erfährt Vereinsamung als einen Mangel an sozialem Wert. Wir leben in einer Gesellschaft, die die Menschen weitgehend nach ihrem Nutzen für die Gesellschaft bewertet; Arbeitslose fühlen sich heute wertlos, weil sie keine bezahlte Anstellung haben, die der einzige Wert wäre, den sie kennen. Der Wert der Menschen ist ihr ökonomischer Wert geworden, ihre Fähigkeit, Reichtum für sich oder für andere anzuhäufen. Deshalb haben die sehr Jungen, die Alten und die Kranken keinen Wert und werden Bürger 2. Klasse.

Das Image eines jeden ist etwas, das von frühester Kindheit an aufgebaut wurde. Man ist in der Rolle geschlechtlicher und sozialer Stereotype festgelegt, bestimmt durch die Werte der eigenen Eltern, die sich durch ihre Lebensaussichten und ihren Status in der Gesellschaft ergeben. Zugegeben sind solche Rollen heute vielfältiger als sie zu Zeiten unserer Großeltern waren, als noch die mittelalterliche Vorstellung von „ständischem Leben" galt; man war in eine soziale Rolle geboren, für einen gewissen Platz auf der Leiter bestimmt und diesem Status entsprechend gekleidet. Universale Erziehung und Marks and Spencer[1] sind Teil der Revolution gewesen, die schließlich die mittelalterliche Welt umgestoßen hat. Nur in der Römisch-Katholischen Kirche ist so etwas noch sichtbar, hier ist noch von „ständischem Leben" die Rede.

Feministische Schriftstellerinnen studierten die Rolle der Frauen in unserer Gesellschaft und haben gezeigt, dass das Selbst-Image vieler Frauen gänzlich ein soziales Konstrukt ist. Obwohl wir in der modernen Welt Frauen haben, die führende Geschäftsleute, Rechtsanwälte, Ingenieure, Ärzte und Pfarrer sind, sind viele von ihnen noch durch die übriggebliebene Schuld gelähmt. Ihr geschäftiges und wirtschaftlich erfolgreiches Leben bedeutet, dass sie nicht fähig sind, sich voll der einzigen Rolle hinzugeben, die die Gesellschaft bisher einer Frau erlaubte, die der Ehefrau und Mutter. So etwas ist die Last sozialer Konditionierung. Wir fühlen uns nicht zufrieden, bis wir des Images von uns im Spiegel der Anderen ansichtig werden.

Ohne diesen Spiegel sind wir vereinsamt und haben keine Idee unseres eigenen Wertes. Wir suchen Anerkennung unserer selbst und unserer Rolle in der Welt. Wir sind Sohn oder Tochter von jemand, Bruder von jemand, Mutter von jemand, Angestellter von jemand, Chef von jemand. Arbeitslosigkeit und Rente werfen uns aus der Welt der Arbeit mit ihrer Wertehierarchie und ihrer Bestätigung unserer Kompetenz und Bedeutung. Tod oder erzwungene Trennung entfernt uns von denen, die wir lieben und die uns lieben. Wenn uns unsere Ordnungen der Selbstbestätigung vorenthalten werden, sind wir vereinsamt; wir haben für niemanden einen Wert.

Diese Art Vereinsamung ist ein Leiden der modernen Gesellschaft und Teil von dem, was Marx „falsches Bewusstsein" nannte, durch das der Mensch sich von einem wahrhaftigen menschlichen Bewusstsein entfernt. Wie flackernde Bilder beim Fernsehen erscheinen die Werte als echt, aber sie sind eine Illusion. Die politischen und religiösen Institutionen dieser Gesellschaft sind so eingerichtet, dass sie die Werte einer solchen Gesellschaft bestärken. Außerhalb jener Gesellschaft genießen sie keinerlei Wertschätzung. Sie bieten ein Mitspracherecht – streng begrenzt. Die einzige Alternative zu solchen Ordnungen wäre Revolution; die freilich läuft gewöhnlich darauf hinaus, dass die neue Gesellschaft ihre politischen Institutionen so reformiert, dass sie den alten wieder sehr ähnlich werden.

Religiöse Institutionen tendieren dazu, den Status quo und damit den göttlich geordneten Stand der Gesellschaft zu stärken, wie es sich in England mit der etablierten Kirche verhält; Kirche und Staat halten die Gesellschaft wie zwei Buchstützen. Immer hat es dieses institutionelle Element in der Religion gegeben, dem durch das prophetische Element widersprochen worden ist. Das stellt unerschütterlich fest, dass die Wahrheit nicht in der allgemein akzeptierten, komfortablen und konformistischen Lebensweise liegt. Der Prophet ist der Außenseiter, derjenige, der in der Wildnis haust, der mit einem Minimum an gesellschaftlicher Abhängigkeit auskommt und der angebotenen Komfort von sich weist. Als Einsamer kritisiert der Prophet die Gesellschaft im Namen einer höheren Autorität und einer weiteren Vision, wie die Gesellschaft sein könnte.

Was ist der Unterschied zwischen Vereinsamung und Einsamkeit? Vereinsamt ist einer, der sich benachteiligt fühlt, weil er nicht das bekommt, was ihm nach der gesellschaftlichen Vorstellung von Wirklichkeit zusteht. Der Einsame andererseits steht allein und sucht Bestätigung nicht in der Gesellschaft, sondern in der Vision von etwas Größerem jenseits dieser Gesellschaft. Die Einsamkeit selbst sorgt für die notwendige Distanz zum Saal der Spiegel.

Der Einsame ist nicht notwendigerweise einer, der sich aus der Gesellschaft zurückzieht, sondern einer der scharfen Auges die Institutionen der Gesellschaft wahrnimmt. Es gibt solche, die von Natur aus sozial unangepasst sind, jene die sich nicht in eine Übereinstimmung mit sozialen Normen haben sozialisieren lassen. Ihr unangepasstes Verhalten mag durchaus pathologische Elemente haben, aber unter ihnen sind jene, die so schöpferisch und originell sind, dass ihre besondere Art sie von sozialen Werten unabhängig macht. Ihre schöpferische Kraft kann sie oft Wege führen, die der Normale für komisch hält. Sie leben gewissermaßen ihre Kreativität auf Kosten dessen aus, was die meisten für das normale Leben halten. Aber ohne solche Leute wäre die größte Höhe menschlichen Geistes nie erreicht. Die großen Entdeckungen in Kunst, Musik, Literatur und Wissenschaft wären nie gemacht, und die tollsten technischen Errungenschaften, die wir in der heutigen Welt für selbstverständlich halten, wären nie entwickelt worden.[2]

Diese Erneuerer sind jene, die außerhalb der Welt stehen, mit der sich die meisten von uns abfinden. Ihre Augen richten sich auf den Horizont, hinter dem die Möglichkeit von etwas Neuem, etwas noch Unbekanntem liegt. Sie bewegen sich immer in die Zukunft, in die Welt, die noch wird; das ist zwangsläufig ein Ort der Einsamkeit, der von wenigen Anderen bewohnt ist.

Es gibt auch jene, deren individuelle Unternehmung auf Kosten der Gesellschaft stattgefunden hat. Solche sind die Industriemagnaten, deren Fähigkeiten in den Dienst persönlichen Strebens nach Macht und der Anhäufung von Reichtum gestellt werden. Solche Männer (denn sie sind fast immer Männer) gab es in der Geschichte. In der Vergangenheit waren sie oft Soldaten und Eroberer; in der Jagd nach Macht und Status fegten sie über die Welt in einer Orgie der Vernichtung und Verhinderung intakter Gesellschaften. Alexander „der Große" weinte, nachdem er sich dem größten Teil der bekannten Welt seiner Zeit aufgedrängt hatte, weil es keine weiteren Welten zu erobern gab. Solche Männer sind in der Tat Einsame nach ihrer Wahl, denn alles, was sie anrühren, ist zu Asche geworden, und ihre Imperien, seien sie Militär- oder Geschäftsimperien, lösen sich nach ihrem Tod auf, und sie hinterlassen der Welt kein bleibendes Denkmal oder irgendeinen Nutzen.

Andererseits sind die Helden der klassischen Welt[3] Einsame noch ganz anderer Art. Sie waren Männer, die berufen waren, Träger eines besonderen Schicksals zu sein, Gefahren und Leiden zu durchstehen. Freilich sind sie ganz menschlich, aber Archetypen des Exils, wie Odysseus, von tragischem Schicksal, wie Ödipus, von persönlicher Ehre, wie Achilles. Ihre übermenschlichen Eigenschaften führten dazu, dass ihnen ein Kult eingerichtet wurde und man ihnen Opfer darbrachte. Noch mehr verhält es sich so in späterer Zeit mit christlichen Heiligen, denen ein Altar errichtet und ein Kult mit Verehrung gestiftet wurde. Haben die Sporthelden von heute mit ihrer supergrellen Herrlichkeit dieselbe Macht, den menschlichen Geist anzusprechen?

Der Heldenkult des 19. Jahrhunderts war ein Führerkult. Viktorianische Helden und Heldinnen waren Typen für besondere Stärke und besonderen Mut, verbunden mit der Fähigkeit, sich selbst zu opfern, entsprechend einer unternehmerischen Gesellschaft, die den Erfolg, was man persönlich erreicht hat, betont. Ihr Triumph war ein Triumph des Willens über widrige Umstände. Anders als die, die in griechischen Geschichten dem Willen der Götter gehorchten und ihn ausführten, waren sie eher selbstgemachte Helden. Odysseus, wie ihn Homer darstellt,[4] unternahm Reisen, deren Sinn er nicht verstand; er war eigentlich derjenige, der den kosmischen Konflikt zwischen Zeus, dem Gott einer geordneten und stabilen Welt, und Poseidon, dem Gott von Erdbeben und einem ruhelosen und unentwegt veränderlichen Meer, auszutragen hatte.

Helden von heute haben keine Macht, unsere Vision vom Leben zu erweitern; sie führen nur Kunststücke auf, mit denen wir uns indirekt identifizieren sollen. Begleitet von Fernsehkameras und ihrem unheroischen Team besteigen sie den Everest, überqueren den Atlantik allein, erringen sportliche Trophäen, sie treiben menschliche Durchhaltekraft zum äußersten und werden von allem erdenklichen Beistand moderner Wissenschaft unterstützt. Jenseits der Grenzen solcher Helden ist die Fiktion vom Supermann, der mit der Hilfe von Zaubermächten alle Hindernisse beseitigt und jeden Konflikt löst. Superfrau andererseits, so stellen wir nebenbei fest, ist nur diejenige, die es fertigbringt, alle Rollen, die die moderne Welt Frauen auferlegt, zusammenzuhalten.

Die Helden der Antike sind wie die christlichen Helden diejenigen, die eine besondere Last menschlichen Leids tragen, die aufleuchten lassen, wie menschliches Leben sich ändert und verwandeln lässt, und die auf einen Sinn jenseits bloß menschlichen Seins hinweisen. Sie sind Sinnstifter, Träger von Transzendenz.

Das ist die Funktion der Schamanen in „primitiven" Gesellschaften, dass das Göttliche eine menschliche Realität wird. Wenn der Schamane in ekstatische Trance verfällt, dann ist er auf einer Reise in eine andere Geisteswelt, die der diesseitigen Sinn verleiht. Die Rolle des Schamanen als spiritueller Führer und Heiler hängt von dieser Fähigkeit ab, sich zwischen den beiden Welten, der sichtbaren und unsichtbaren, zu bewegen. Männer und Frauen werden gewöhnlich Schamanen nach einer Periode von Leiden oder Krankheit, die sich löst, wenn sie sich darauf einlassen, Werkzeuge, „Channels" der Geister zu sein. Als solche sind sie Einsame.[5]

Leiden und Lastentragen scheinen zum Leben biblischer Propheten zu gehören. Ihre spirituelle Last war das Wort Gottes, das sie dazu bewegte, zum Volk zu sprechen, das aber lieber nicht auf solche störenden Dinge hören wollte. Amazja, der Priester von Bet-el, fordert Amos auf, zu verschwinden und sonst wo zu prophezeien, aber nicht in Bet-el, dem königlichen Heiligtum und nationalen Tempel.

„Ich bin kein Prophet", antwortet Amos, „auch keines Propheten Sohn, sondern ich bin ein Hirte und ein Versorger von Feigenbäumen; aber Gott hat mich von der Herde weggeholt und zu mir gesagt: ‚Geh und prophezeie meinem Volk Israel' (Am 7,12-15). Der Druck des Geistes war unwiderstehlich. „Der Löwe hat gebrüllt, wer wird sich nicht fürchten? Der Herr hat gesprochen, wer kann anders als prophezeien?" (Am 3,8).

Jesaia sagte: „Der Herr sprach zu mir mit seiner starken Hand über mir (Jes 8,11) und warnte mich, ich sollte nicht auf dem Weg dieses Volkes gehen." Einsamkeit war auf die Propheten geworfen. Jeremia klagt: „Ich bin den ganzen Tag über eine Witzfigur; jedermann macht sich lustig über mich. Denn immer, wenn ich spreche, schreie ich und rufe: ‚Gewalt und Zerstörung!' Denn das Wort des Herrn ist mir den ganzen Tag lang zum Vorwurf und zum Spott geworden. Wenn ich sage: ‚Ich will ihn nicht erwähnen, nicht mehr in seinem Namen sprechen', dann ist es in meinem Herzen so als wenn brennendes Feuer in meinen Knochen verschlossen wäre, und ich mag es nicht mehr darin halten, und ich kann es auch nicht" (Jer 20,7-9).

Der Einsame hält zwei Welten zusammen: das Exil und den Ort, den er verlassen musste. Versöhnung der beiden mag die Aufgabe sein, die er immer erfüllen wollte, aber es gelang ihm nie. Der Einsame ist die Stimme, die in der Wildnis ruft; der Ruf ist notwendig, ebenso die Last, die ihm damit auferlegt ist, ob sein Ruf gehört wird oder nicht. Die Propheten waren von einer blendenden Vision von Gottes Wahrheit und Gerechtigkeit besessen, die Zustimmung forderte.

Ein Gefühl von Getrenntsein markierte die frühesten christlichen Gemeinschaften, die als jüdische Sekte begonnen hatten und sich im Laufe der Zeit von den Juden deutlich trennten, bis hin zur Bildung einer eigenen Körperschaft. Die ersten Christen hielten sich regulär zum Tempel und zur

Synagoge. Aber schließlich wurden sie verstoßen und bildeten ihre eigenen Gottesdienstorte. Sie sahen sich selbst als das neue Israel, den gerechten Rest, der Gottes Geboten treu blieb. Man trat der neuen Gemeinschaft durch die Taufe bei, nicht durch Beschneidung, die das Kennzeichen des alten Israel war. Genauso wie die Beschneidung Israel aussonderte, so sonderte die Taufe oder die Waschung die Christen aus. Und dieser Unterschied zeigte sich in ihrem Verhalten. Der Brief an Diognet, der wahrscheinlich aus dem zweiten Jahrhundert stammt, hat dieses über Christen zu sagen: „Obwohl sie zu Haus in ihren eigenen Ländern lebten, benehmen sie sich eher wie solche, die in einem Übergangslager leben. Sie nehmen in allem als Bürger teil, aber sie beugen sich auch unter Entbehrungen, als wenn sie Fremde wären. Für sie ist jedes fremde Land Heimat und jede Heimat Fremde."[6]

Dieses Gefühl von Getrenntsein wurde noch markanter unter den gewalttätigen Verfolgungen, die zeitweise von römischen Behörden eingeleitet wurden. In den Augen jener Behörden kennzeichnete die Verweigerung der Christen, dem Kaiser Opfer zu bringen, sie als gottlos ohne Respekt, damit als Feinde des römischen Staats. Als solche mussten sie mit der barbarischen Grausamkeit, die typisch für die Antike war, ausgemerzt werden. Es gab noch weitere Verfolgung, mehr oder weniger gewalttätig, bis mit dem sogenannten Edikt von Mailand 313 religiöse Toleranz ausgerufen wurde. Demzufolge, und weil der Kaiser Konstantin die Christen begünstigte, wurde das Christentum Mode und von Allen angenommen, anstatt der schwierige und separate Weg für Wenige zu sein. Die Taufe verlor ihre Bedeutung als Zeichen von Getrenntsein, und das Martyrium, die Identifizierung mit dem Tod Christi, war nicht mehr die Krone christlichen Lebens.

Das war für diejenigen, die ihr Leben auf ihr Getrenntsein setzten, unannehmbar, wenn es auch für manch andere sicherlich eine willkommene Erleichterung gebracht hat. Das Martyrium, der Leidensweg, war bisher das Hauptanliegen christlichen Lebens. Als Ignatius von Antiochien auf seinen Märtyrertod im Colosseum in Rom zuging, identifizierte er jenen Tod mit dem Opfer der christlichen Eucharistie: „Ich bin Gottes Weizen, und durch die Zähne der wilden Tiere gehe ich zu Grunde, damit ich als reines Brot Christi erfunden werde."[7] Von jetzt an musste das Opfer in irgendwie anderer Weise zum Ausdruck kommen. Allmählich fing die Flucht in die Wüste an. Männer und Frauen suchten die einsamen und unkultivierten Orte jenseits menschlicher Siedlung auf, wo sie in Einsamkeit das Leben von Leid und Entbehrung anstrebten; dafür sorgte bisher nur die Verfolgung. Bekannt wurde solches Streben als das weiße Martyrium, denn es trat an die Stelle des blutigen Martyriums. Es war prophetisches Leben, getrennt von dem zeitgemäßen way of life in der Römischen Welt. Auf diese Bewegung kommen wir später zurück.

Die klassische Welt, die nicht von der hebräischen und christlichen Tradition, von einem Gott, der in einen Dialog mit der Menschheit eintrat, berührt war, hatte eine andere Sicht von Einsamkeit. Einsamkeit war das Milieu des Philosophen und der Kontemplation des Guten, Wahren und Schönen, also der ewigen Werte. Der Philosoph hielt sich auf im otium, in der Muße, vom praktischen Leben unberührt. Die Künste der Dichtung und Musik waren zugelassen, Künste wie Malen und Bildhauerei, die Handarbeit miteinschlossen, aber nicht. Diese mangelnde Integration von manueller Arbeit hatte dauerhaften Einfluss auf die westliche Zivilisation, selbst in der klösterlichen Welt, in der manuelle Arbeit ein wesentlicher Teil der ursprünglichen monastischen Berufung war. Das Getrenntsein des Philosophen war somit das Getrenntsein vom praktischen Leben; der Bereich des Geistes oder Intellekts war ihm ein und alles. Die Idee der Kontemplation war in erster Linie ein intellektueller oder geistiger Prozess, und er fand Eingang in christliches Denken durch Schriftsteller, die in klassisch geprägten Schulen ausgebildet waren, nicht immer mit hilfreichen Ergebnissen. Glücklicherweise aber ist dieser Prozess durch alte Weisheitstradition des Mönchtums mit ihrer Betonung auf Praxis ausgeglichen worden. Doch man kann nicht übersehen, dass die Traditionen der Antike mit ihrem zivilisierten Leben auf einer großen unteren Klasse von Sklaven gegründet war. Dies führte später zu einer wachsenden Zahl von Laienbrüdern im Kloster; sie taten die körperliche Arbeit, während die Chormönche sich dem opus dei oder dem Werk der Kontemplation widmeten.

Das Konzept philosophischer Abgeschiedenheit ist nichtsdestotrotz von prophetischem Wert. Die Rolle des Intellektuellen, des Philosophen in der Nachfolge Platons ist von Edward Said in seinen Reith-Vorträgen 1993 geprüft worden. Obwohl der Intellektuelle bei allen Aspekten modernen Lebens engagiert ist, obwohl er sich verschiedenster Ideologien und Überredungstechniken verschrieben hat, steht er da als eine Person, die fähig ist, den Standpunkt des Einsamen, einen freien und unabhängigen Stand einzunehmen.

Der heutige Intellektuelle kann sich nicht im otium aufhalten, sondern er hat die Klischees, die modernen Idole, also Götter seiner Analyse zu unterwerfen. Die Wahrnehmung der Wahrheit und die Proklamation davon, allem Gegendruck zum Trotz und in der Verweigerung aller verlockenden Versuchungen, anders zu reden, ist die Frucht intellektueller Abgeschiedenheit und Einsamkeit. Es ist ein Kampf, der dem der Wüstenmönche ähnlich ist, wie sie mit trügerischen Dämonen und Versuchungen rangen, um Reinheit des

Herzens zu finden. Wie bei den Mönchen kommen die Versuchungen des Intellektuellen von innen aus seinem eigenen Geist wie auch von außen in der Gestalt jener, die den Intellektuellen in den Dienst ihrer partikularen Illusionswelt stellen wollen.

Es ist freilich die Aufgabe des Intellektuellen, in den Dialog mit der Welt der Politik und Ideen zu treten, aber das muss von einem Ort der Distanz außerhalb der Systeme geschehen. Der schöpferische Intellektuelle ist jemand, der fähig zu neuen Einsichten und Methoden des Denkens ist; und darin unterscheidet er sich von dem, dessen Methoden pragmatisch sind. Diese Fähigkeit ist in Einsamkeit und Distanz geboren und ist die Frucht originellen Denkens. Sie befasst sich wohl mit bestehenden Problemen und Ideen, aber sie vermag alles mit frischen Augen zu betrachten und findet so neuen Zugang zu alten Problemen, und ebenso entdeckt sie neue Felder, die erforscht werden wollen.

Der Einsame ist also, wenn er auch in größerem oder geringerem Maße von alltäglicher menschlicher Gesellschaft getrennt ist, für die Gesellschaft ein Bezugspunkt. Die bloße Existenz des Einsamen als einer der außerhalb der Werte- und Lohnordnungen steht, womit sich die Gesellschaft selbst unterstützt und am Leben erhält, stellt diese Ordnungen in Frage und ermöglicht Menschen, sich von ihnen zu befreien. Man kann Einsamer innerhalb des Systems sein, indem man sich freiwillig für eine andere Philosophie zu leben entscheidet und nach und nach die Werte und Belohnungen eines solchen Systems verwirft. Solch ein Pfad ist im Wesentlichen einsam, denn bei den meisten Menschen findet er keinen Halt, entweder weil sie es nicht für nötig erachten oder weil sie es nicht wollen, oder weil sie nie Einsamkeit im Wesen erfahren haben und nie die Fähigkeit distanzierter Beobachtung erlangten. Solch eine einsame Existenz stellt die Werte der Gesellschaft in Frage und weist auf eine menschliche Authentizität als Bezugspunkt hin. Von diesem Standpunkt aus könnten die Gesellschaft und ihre Institutionen beurteilt werden.

Anmerkungen

1. Warenhauskette britischen Ursprungs.
2. A. Storr, Solitude, a.a.O.
3. G. Schwab, Die schönsten Sagen des Klassischen Altertums, a.a.O.
4. Homers Odyssee, a.a.O.; R. Steiner, Odysseus, in: das Christentum als mystische Tatsache und die Mysterien des Altertums, a.a.O., S. 90 ff
5. I.M. Lewis, Ecstatic Religion, a.a.O.
6. Brief an Diognet, a.a.O., V.5.
7. Brief des Ignatius an die Römer, a.a.O., 4. Kap.; mehr zu Martyrium-Opfer-Ignatius in: H. Campenhausen, Die Idee des Martyriums in der alten Kirche, S. 67-78, Göttingen 1964

Kapitel 2

Der Künstler als Einsamer

Eine einsame Existenz ist das Los des kreativen Künstlers, ob auf dem Gebiet der Musik, der Dichtung oder der darstellenden Künste. Das griechische Wort poietes, von dem sich unser Wort Poet ableitet, bedeutet Macher, und die Arbeit des Künstlers ist wesentlich die, Kunstobjekte zu schaffen. Diese Kunstobjekte sind die verbale, visuelle oder akustische Entsprechung der Welt, in der wir leben, also der ursprünglichen Schöpfung, wie sie vorgegeben ist. Anders als die ursprüngliche Schöpfung, wie sie in der Genesis beschrieben wird, ist die Schöpfung des Künstlers nicht ex nihilo, aus dem Nichts, sondern aus den Materialien der bereits bestehenden Welt. Aus der Sicht von Aristoteles[1] gibt es nichts im Verstand, das nicht mit Hilfe von Wahrnehmung der Sinne eingetreten wäre: das bedeutet, dass die Ausstattung unserer mentalen Prozesse schon bereitsteht. Originalität besteht aus der Wahrnehmung neuer Pfade und der Formulierung neuer Konzepte, die selbst in den abstrusesten Bereichen systematischen Denkens eine gewisse Beziehung zu dem haben muss, was vorausgegangen ist. Ohne erkennbare Muster würden sie für Andere unverständlich sein.

Die Arbeit des Künstlers ist wesentlich Kommunikation: es ist Aktualisierung der Wahrnehmungen, die vom kreativen Individuum erfasst werden; es ist die Formulierung der ursprünglichen Vision in Worte, Töne, Formen und Farben. Das Ringen mit den Materialien produziert etwas, das eine neue Erfahrung für die ist, die das Endprodukt hören und sehen. Die Arbeit ans Ende zu bringen ist so wie ein Kind gebären; das fertiggestellte Kunstwerk wird in die Welt hinaus gesandt, um seine eigene Existenz zu erlangen. Für den

Künstler ist dann der Kampf der Schöpfung erledigt: Picasso sagte einmal, dass ein Bild für ihn tot sei, sobald es an eine Wand gehängt ist. Wordsworth andererseits arbeitete viele Jahre an seinen langen Gedichten und verzögerte immer wieder den letzten Augenblick, bis das Kind endlich doch buchreif und publiziert wurde.

Das Geheimnis der Arbeit des Dichters, des Machers, ist die Teilhabe an der göttlichen Arbeit der Schöpfung der Welt. Nach der biblischen Tradition ist die Welt weder eine göttliche Emanation, noch ist sie selbst göttlich, sondern die Arbeit der Hände Gottes (Ps 8,4+7; Ps 19,2; Ps 103,22). Auch Menschen sind die Arbeit der Hände Gottes: „...wir sind der Ton, und du bist unser Töpfer, wir alle sind das Werk deiner Hände" (Jes 64,7).

Dieses Formen und Machen, das Bringen von Ordnung aus dem Chaos sind wesentliche Teile künstlerischer Schöpfung und eine zutiefst einsame Aktivität. Selbst in einer geselligen Angelegenheit wie der musikalischen Unterhaltung ist das so: der späte Folksinger Ewan MacColl sagte, dass er zutiefst allein sei, wenn er vor Publikum singt. An der inneren Erfahrung kann man nicht teilnehmen; es sind die sich daraus ergebenden Kunstobjekte, die sich einem mitteilen, die Gedichte, die Bilder, die Musik, das Drama. Tatsächlich ist bei Musik- und Dramaaufführung Kommunikation für diesen Prozess der Teilnahme wesentlich. Der Komponist, der Dramatiker händigt sein Kind, wie es ist, aus, und bei anderen wächst es auf.

Das Schaffen von Kunst ist sowohl Offenbarung als auch Verbergen; der Künstler offenbart sein inneres Selbst, aber ebenso konstruiert er eine alternative Realität, die vor dem inneren Selbst steht. Der Künstler konstruiert eine alternative Persona, die Maske, die wie im griechischen Drama das wirkliche Leben vertritt. Hinter der Maske ist die menschliche Person oft unbestimmbar chaotisch; das Leben vieler

Künstler ist notorisch frei von gesellschaftlichen Zwängen und Konventionen. Es ist als ob die Beurteilungen und Meinungen, die in der tagtäglichen kreativen Arbeit erforderlich sind, auf diese Arbeit beschränkt wären und nicht auf das, was hinter der Maske steckt, zuträfen.

Für James Joyce war der schöpferische Prozess wesentlich ein Kampf gegen die angenommenen Werte der Gesellschaft: „Wenn wir ein normales Leben führen, leben wir ein konventionelles. Wir folgen also einem Muster, das durch andere Leute in einer anderen Generation niedergelegt worden ist, einem objektiven Muster, das uns durch die Kirche und den Staat auferlegt wurde. Aber ein Schriftsteller muss einen andauernden Kampf gegen das Objektive aufrechterhalten: das ist seine Funktion. Ewige Eigenschaften sind die Fantasie und der sexuelle Instinkt und beide versucht das förmliche Leben zu unterdrücken."[2]

Anthony Storr macht die interessante Beobachtung, dass viele Dichter unter Perioden mentaler Instabilität leiden, die daher kommen, dass sie in Institutionen eingezwängt sind.[3] Er weist darauf hin, dass Dichtung zu schreiben ein Versuch ist, Ordnung aus dem Chaos zu bringen, und dass die Dichtung von des Dichters Kampf mit der Wirklichkeit herrührt. Der Therapeut mag natürlich ein anderes Konzept von Realität über den Dichter haben. Es könnte doch sein, dass Dichtung von einer tieferen Schicht des Chaos in der Persönlichkeit kommt, nämlich aus dem ursprünglichen Chaos, aus dem die Welt geschaffen wurde, und dass der Dichter damit vertrauter ist. Das „Machen" des Dichters ist die Gabe von Gestalt und Form für das, was aus jenem ursprünglichen Chaos zur Geburt kommt. Der Dichter ist Daedalus, der wunderbar Trickreiche, dessen Name James Joyce für seinen Helden brauchte.[4] Daedalus konstruierte das Labyrinth auf Knossos, in welchem der Minotaurus festgehalten wurde. Das war das urzeitliche Ungeheuer, das menschliche Opfer verschlang. Es war Daedalus, der die Kunst des Fliegens erfand, und so bewegte er sich oberhalb der Erde in die himmlische Sphäre, die das Bild des einsamen Schöpfers ist.

Natürlich ist Fliegen mittlerweile ein selbstverständliches Ereignis modernen Lebens, eine bequeme Art von schnellem Transport von Ort zu Ort, quasi ein himmlischer Omnibus. Aber Daedalus' Fliegen schaffte den Übergang von einem Element zu einem anderen, von Erde zu Luft, was bedeutete, dass er Macht über die Elemente hatte, also den Grundstoff besaß, der alle anderen bindet. Luft war der Ort der Seele, die in den Körper gehaucht wurde. Genau hier sich heimisch zu fühlen, das schaffte Daedalus durch seine geschickte Fähigkeit.

Für Aristoteles war die Seele auf den Winden geboren, und vom Universum betritt sie den Körper durch Atmung.[5] Für die Griechen wie auch für die hebräischen Propheten wurde göttliche Inspiration in den Körper von außen eingehaucht. Inspiration ist ein Begriff, der in Zusammenhang mit dem künstlerischen Prozess immer noch gebraucht wird:[6] ein Ausdruck der Erfahrung, dass künstlerische Schöpfung etwas ist, was von außen gegeben ist, ein Prozess, der den Künstler weiterführt, im Griff von etwas, das die Arbeit bestimmt, und man selbst ist nur das Instrument, bzw. das Werkzeug.

Alexander Goehr, Musikprofessor an der Cambridge Universität, hat eine blendende Beschreibung des Musikschaffens geliefert, wie jeder, der in schöpferischer Kunst welcher Art auch immer engagiert ist, zugeben wird. Die Reise beginnt, sagt er, mit: „...persönlichen, subjektiven, sensuellen Imaginationen, die gemeinsam unter der allgemeinen Überschrift Inspiration zusammengefasst sind und zu einem fast unpersönlichen tranceähnlichen Zustand führen. Hier findet der Schöpfungsakt statt. Und es führt schließlich, leider nicht zwangsläufig, zu einem Aufstieg in einen Zustand des Glücks. Wie eine geheimnisvolle Ehe ist das: Das Selbst tritt nicht mehr als Selbst auf, sondern scheint für einen Augenblick mit dem Material, womit es befasst ist, eins zu werden."

Die frühen Stufen kreativer Aktivität sind, so sagt er, durch Absichten und vage Fantasien musischer Strukturen und Gestalten gekennzeichnet. Man macht falsche Anfänge, Absichten werden nicht realisiert. Nichts scheint voranzugehen: „In total düsterer Stimmung sitze ich und betrachte die Scherben meiner Vergeblichkeit. Weil ich nun weiß, dass die Inspiration, die Idee, die noch einen Augenblick zuvor so vielversprechend schien, wie Staub ist und nicht mehr als ein Versuch, den notwendigen Fortschritt zu beschleunigen, wobei ich mich selbst von mir befreie, wie der Dichter Stefan George schrieb, ‚um die Luft von anderen Planeten einzuatmen.' Dies ist eine Zeit fast totaler Dunkelheit, in welcher die Leute um mich ungeschickt und feindlich zu sein scheinen; eine Zeit, in der ich erdrückt werde von der Unordnung, die mich umgibt."

Dieses ist der Ort von urzeitlichem Chaos, von Dekonstruktion oder Zersetzung, der Abstieg in den Avernus, den Dante im „Inferno" durchreiste, die zwanghafte Reise, die unternommen werden muss, ehe man den Aufstieg zum Paradies erreicht. Diese Reise, sagt Goehr, „ist im Wesen der schmerzliche Pfad aus dem Gefängnis des Selbst heraus - eine notwendige Stufe, vielleicht sogar der Preis, der für das, was kommen soll, bezahlt werden muss. Denn es scheint mir der Tiefpunkt zu sein, der Moment totaler Dunkelheit, ‚wenn die Sonne sich verdunkelt und der Mond sein Licht nicht mehr gibt und die Sterne am Himmel verblassen... dann werde ich sehen.' Dann mache ich die Zeichen (wenig an Zahl) auf das leere Papier; und diese Noten, dieser offensichtlich unfreiwillige und unabsichtliche Akt, dieses Loslassen der Bogensehne, selbst ohne ein Ziel ins Auge zu fassen, löst einen Pfeil. Das löst auch mich und befreit mich vom Gefängnis meiner Ohnmacht, sodass wir zusammen, der Pfeil und ich, wer weiß wohin fliegen."

Er führt fort: „...die Musik schreibt sich selbst: die Identifikation mit dem Material - den Noten, den Rhythmen und ihren erforderlichen Verlängerungen - ist vollständig. Es gibt nicht mehr einen Komponisten, der das Material antreibt, sondern nur einen Diener, der das ausführt, was die Noten selbst erfordern. Das ist genau die Erfahrung, die ich suche und die alles rechtfertigt..."[7]

Obwohl die Schöpfung eines Dichters eine Schöpfung zweiten Grades von der ersten ist, platziert das Loch der Dunkelheit, der Avernus, in das jeder Dichter hineinmuss, die ursprüngliche Schöpfung im Cauldron, dem Schmelztiegel. Cauldrons sind ein großes Merkmal der keltischen Mythologie: Brans Cauldron des „alles wird wieder heil und gut" brachte den Toten zurück zum Leben. Taliesin, in dem Märchen aus Wales, erhält seine dichterischen und prophetischen Gaben zufällig von dem Cauldron der Inspiration und Wissenschaft; die Hexe Ceridwen hat in ihm ein Jahr und einen Tag lang gekocht und ihn in Taliesins Verantwortung gestellt. Drei Tropfen der Flüssigkeit flossen aus dem Cauldron auf seinen Finger, den er sofort in den Mund steckte.[8]

Im kreativen Prozess ist der Künstler im Wesentlichen einsam; er folgt keinen Pfaden, die von Füßen Anderer herrühren. Diese Freiheit ergibt sich aus der Wahrnehmung neuer Muster oder neuer Interpretation von Daten, der neuen Verbindung von Worten oder Tönen, Formen oder Farben, um die neue Erfahrung hervorzubringen, die jedes Schaffen von Kunst ist. In dieser einsamen Arbeit von Schöpfung spielt der Künstler Gott. „Was für ein großes Werk hast du für Gott getan!" rief eine Nonne aus, als Matisse seine Malereien in der Kapelle des Rosenkranzes in Venedig vollendete. „Ich tat es für mich", sagte Matisse. „Aber du sagtest mir, du hättest es für Gott getan", sagte die Nonne. „Ja", beteuerte Matisse: „Aber ich bin Gott".

Der Künstler ist in gewisser Weise ein Gegen-Schöpfer, der Prometheus, der das göttliche Feuer stahl und der Menschen aus Ton machte. Der Preis der Anmaßung des Künstlers ist Leiden.[9] Prometheus wurde auf einen Felsen gebunden, wo ein Adler andauernd an seiner Leber zerrte. Daedalus' Sohn Ikarus, der mit Flügeln von seinem Vater ausgerüstet war, löste sich auf, als er beim Fliegen der Sonne zu nahe kam. Selbst Orpheus, der in die Unterwelt eindrang, um seine geliebte Eurydike zurückzubringen, und die Geister dort mit seinem Spiel betörte, verlor sie schließlich, als er den Anweisungen nicht gehorchte und sich zurückwandte. Der heiligen Kompetenz, die Menschen gegeben wird, sind Grenzen gesetzt. Doch ist es die Erkundung dieser Grenzen, die die größte Kunst ermöglicht, eine tragische wie auch eine einsame Erfahrung.

Was ist Einsamkeit? Im Wesentlichen ist sie Trennung, am offensichtlichsten von der Gesellschaft mit Anderen, aber auch von Etiketten, die an Dinge angebunden sind, Etiketten, die die Wertvorstellungen der Gesellschaft bezeichnen, definieren und preisen, die Art wie sie die Dinge sieht. Die Etiketten werden zum Ersatz für die Dinge an sich. Künstlerische Schöpfung ist eine Reise in die Freiheit, wesentlich eine Sache, etwas Neues zu machen, eine neue Sprache zu finden, eine neue Vision.

Für Wordsworth war der Zweck seiner einsamen Expeditionen die Erkundung einer ganz neuen Welt innerer Erfahrung. Dichtung musste nicht mehr nach klassischen Modellen geschrieben werden, sondern sich aus den Rohmaterialien der täglichen Erfahrung ergeben. Was er suchte, war nicht bloß eine romantische Vision von Natur, sondern eine Erkundung seiner eigenen Einsamkeit, eine neue

Sensibilität, wo die Wasser poetischer Imagination aus einer neuen und tieferen Quelle gespeist wurden: „jenes innere Auge, das das Glück der Einsamkeit ist." Zu seiner Einsamkeit gehören Erkundungen der Quellen der Dichtung selbst, nicht nur der Sprache, sondern der Macht der Dichtung, neue Visionen der Welt zu schaffen:

> „…Visionary power
> Attends the motion of the viewless winds,
> Embodied in the mystery of words:
> There, darkness makes abode, and all the host
> Of shadowy things work endless changes,- there,
> As in a mansion like their proper home,
> Even forms and substances are circumfused
> By that transparent veil with light divine,
> And, through the turnings intricate of verse,
> Present themselves as objects recognised,
> In flashes, and with glory not their own."[10]

Das Produkt der poetischen Imagination ist nicht einfach eine neue Vision, sondern eine neue Sprache. Wordsworth berühmte Äußerung aus dem Vorwort zu den „Lyrischen Balladen", die er und Coleridge 1798 veröffentlichten, lautet: „Dichtung ist der spontane Überschuss von machtvollen Gefühlen: sie stammt von Emotion ab, an die man sich in friedvoller Ruhe erinnert." Das ist eine Äußerung über die sprudelnden Quellen der Dichtung, nicht über die Arbeit im Vollzug, die in der Einsamkeit oder Ruhe des Dichters Klause vor sich ging, oder (nach Dorothy Wordsworth) die passierte, wenn man im Regen allein unter einem Regenschirm hin und herläuft. In klassischer Begrifflichkeit heißt das: Inspiration oder vom göttlichen Geist (Pneuma) besessen sein. Es galt als notwendig, von heftiger Erregung der Gefühle begleitet zu sein. So stellte Wordsworth hier sein Werk in einen klassischen Kontext.

Wordsworth' „unsichtbare Winde" war eine Formulierung, die von Shakespeare geliehen war, nämlich von Claudios Meditation über den Tod in „Maß für Maß" (Measure for Measure) III.i.116:

> „Ay, but to die, and go we know not where;
> To lie in cold obstruction and to rot;
> This sensible warm motion to become
> A kneaded clod; and the delighted spirit
> To bathe in fiery floods, or to reside
> In thrilling region of thick-ribbed ice;
> To be imprisoned in the viewless winds,
> And blown with violence round about
> The pendent world!"

Eine Formulierung ausgestattet mit vielen Echos beim Abstieg in die Dunkelheit, auf Wendeltreppen, Leichentüchern. Des Dichters Vision tritt aus dieser dunklen Welt der Schatten heraus, und durch das Medium der Sprache wird die Welt wiedergeboren, als etwas was wiedererkannt wird, aber mit einem göttlichen Licht umgestaltet ist.

Die Kompetenz des Künstlers, eine neue Vision der Welt zu präsentieren, ist die Frucht innerer Einsamkeit und die Distanz zur Welt des Alltags; die würde danach suchen, schöpferische Kraft abzuschwächen und in ihren eigenen Dienst umzusetzen. Der Künstler muss zur Seite treten, in prophetische Einsamkeit, die eine totale Treue fordert. Ohne diese prophetische Einsamkeit wird die Kunst eine bürgerliche oder akademische Übung, die lediglich die Reflexion der Werte der Gesellschaft ist, eine Art Spiegel, in dem die Gesellschaft selbstgefällig ihr eigenes Bild betrachten kann. Bürgerliche Kunst hat keine Vision von etwas jenseits ihres unmittelbaren Horizonts; Warhols tin of Campbell´s soup (Campbells Suppendose) bildet Realität ab. Dies ist eine Kunst, die Einsamkeit verleugnet, die sagt, dass das Wesen der Kunst eine Vortäuschung von Vision ist, die dir deinen Blick auf die Realität vorschreibt.

Die Künstler der Dada-Periode (in vieler Hinsicht ebenso eine bürgerliche Bewegung) öffneten Fenster zur Fremdheit und Mehrdeutigkeit der Erfahrung, etwa zur selben Zeit, als Sigmund Freud die unbekannten Winkel des Unbewussten erforschte. Aber ihre Nachfolger heute scheinen zu leugnen, dass es überhaupt eine künstlerische Erfahrung jenseits einer gewissen technischen Fähigkeit gebe. Sogar technisches Können scheint abgetan zu werden. Die Anti-Kunst von heute verweigert die Reise in die Einsamkeit. Der Betrachter und das Betrachtete sind eins; das Bild weist nicht über die bloß visuelle Erfahrung hinaus, außer in Form von Witzen oder visuellen Mehrdeutigkeiten. Der Versuch an wertfreier Kunst, einer Kunst des schrillen Spektakels, entfernt von der Kunst alle menschliche Erfahrung. Er ist wie alle bürgerliche Kunst eine Kunst ohne Leiden.

Prophetische Kunst, in Einsamkeit geboren, ist revolutionäre Kunst, nicht in dem Sinn, dass sie an eine besondere Ideologie gebunden wäre, sondern weil sie Kunst der Pioniergrenze ist, über die Angriffe in bisher unerforschtes Gebiet durchgeführt werden. Die Erfahrung des Künstlers von Einsamkeit wird im Ringen mit Worten, Farbe, Tonmustern in eine neue Erfahrung transformiert. Sie wird denjenigen angeboten, die in der Nähe der Pioniergrenze zurückbleiben. Die Arbeit des Künstlers ist die kreative Arbeit, Form, Gestalt aus dem Urchaos fertigzubringen.

Der Dichter kehrt aus seiner Einsamkeit zurück und bringt Geschenke mit. Aber das Land der Einsamkeit, das wir gegenwärtig erforschen wollen, hat viel mehr Reserven als Steinbrüche und Quellen für künstlerische Leistungen. Es ist ein verborgenes Land, das nur denen, die darin reisen, bekannt ist. Hinter jedem Bergrücken liegt wieder einer. Aus diesem Land kehren wir zurück und bringen kein Kunstobjekt mit und wenig Worte.

Anmerkungen

1. Aristoteles, Über die Seele, übersetzt Willy Theiler, Hamburg 1968
2. Arthur Power, James Joyce, in: John Bishop, Joyce's Book of the Dark, University of Wisconsin Press, 1990, pp. 423
3. Anthony Storr, Solitude, a.a.O., pp. 42
4. James Joyce, Ulysses, Frankfurt 2006
5. Aristoteles, Über die Seele, übersetzt Willy Theiler, Hamburg 1968
6. Rosamond E. M. Harding, an Antonomy of Inspiration and an Essay on the creative Mood, Cambridge 1940, reprint Delhi 2015
7. Alexander Goehr, ein Artikel im „The Independent" of 11 Mai 1991
8. Möglicherweise sind uns die Cauldron-Geschichten und Märchen mit ihrem keltischen Hintergrund besonders fremd; aber ob es der Abstieg in den Avernus in Dantes Inferno ist, oder eine Erfahrung der Helden griechischer Mythologie, oder wie Schamanen in ihrer Leidensperiode zu Channels der Geister werden, immer geht es um die ehrfurchtsvolle Begegnung mit dem geheimnisvollen Gott. So schildern es die biblischen Propheten, und der Musikprofessor A. Goehr drückt es aus mit der Kunst des absichtslosen Bogenschießens aus der Tradition des buddhistischen Zen. WAL

9. Ich weise in diesem Zusammenhang hin auf Einsame wie der alte Mann bei E. Hemingway, der dem Bruder Rochen nachjagt und sich gleichzeitig von ihm ziehen lässt, B. Moitessier, der die Erde einhand umsegelt und es nicht lassen kann, es noch einmal zu tun, E. Ruess, der sich von der Schönheit der Natur so sehr locken lässt und ihr folgt, bis es für ihn kein Zurück mehr gibt. Und Chr. Ritter, die die Polarnacht in hellem Mondlicht in ergreifender Stille erlebt und alles bis in die fernsten Fernen durchdrungen sieht von einer fühlbaren höheren Gegenwart, in der keine Furcht mehr ist, muss, so behaupten die Jäger, bei ihrer Mondsüchtigkeit durch Hausarrest vor sich selbst geschützt werden. Ist das Erlebnis, sich dem Mysterium zu nähern, bis die Grenze zwischen Mensch und Gott nicht mehr ist, eine Anmaßung, deren Preis Verlieren des Verstandes, der Tod, wenigstens totale Erschöpfung ist? „Ich bin zu weit gegangen", heißt es bei Hemingway. WAL
(E. Hemingway, Der alte Mann und das Meer, a.a.O., B. Moitessier, Der verschenkte Sieg, a.a.O., W. L. Rusho, Everett Ruess, A Vagabond for Beauty, a.a.O., Chr. Ritter, Eine Frau erlebt die Polarnacht, a.a.O.)

10. Wordsworth, The Prelude of 1850, Book 5th, line 595.

Kapitel 3

Physische Einsamkeit

Es war einmal ein kleiner Junge. Der lebte auf einem abgelegenen Bergbauernhof in Wales. Eines Tages kam er in großer Aufregung zu seiner Mutter gerannt: „Unsere Mama, unsere Mama, ich sah einen Mann auf dem Berg. Und letzte Woche habe ich noch einen Mann auf dem Berg gesehen. Soviel Leute gibt es auf der Welt, unsere Mama!" Solch eine physische Einsamkeit ist heute nur an wenigen Orten auf der Welt möglich. Selbst als mir die Geschichte vor vielen Jahren erzählt wurde, war sie eine Erinnerung aus der Vergangenheit, ein verlorenes Eden. Das einsame Leben der Berghirten ist ganz und gar vorbei, und damit auch die oft damit einhergehende dichterische und religiöse Inspiration; das wird von manchen bedauert, von anderen nicht.

Physische Einsamkeit hat, wenn auch flüchtig, noch Macht über uns. In solcher Einsamkeit, die grenzenlose Möglichkeiten und ebenso eine vage verdeckte Drohung für unser ganzes Leben bereithält, sind wir auf unsere eigenen Reserven geworfen. Solche Erfahrungen sorgen für ein Gefühl der Distanz von dem Vertrauten, für ein Heraustreten aus täglichen Beziehungen. Die mit diesem Gefühl der Distanz leben, werden das Leben innerhalb von Grenzen gewahr und merken, was die Grenzen sind. Im Grenzland zu leben, bringt es für uns mit sich, mit der Realität zweier Welten zu leben.

„Gott machte das Land, und der Mensch machte die Stadt"[1], schrieb der Dichter Cowper und versuchte damit das Gefühl der Distanz auszudrücken. Das ist nicht wörtlich so, da auch die britische Landschaft von Menschen geschaffen ist und sich sehr von dem urzeitlichen Wald, der einst das Land bedeckte, unterscheidet. Die meisten, die nach Einsamkeit suchen, suchen in der Tat ländliche Abgeschiedenheit, um so die physische Isolierung mit dem Gefühl der Trennung von den überkommenen Werten der Gesellschaft zu verbinden. Doch auch in den Städten gibt es Eremiten; sie finden ihre Einsamkeit in der Isolierung und Vereinsamung des Stadtlebens.

Natürlich ist Landeinsamkeit für diejenigen, die aus der Stadt fliehen, durch die Dichtung von Wordsworth, selbst ein Landbewohner, und durch die Ideen der romantischen Bewegung des frühen 19. Jahrhunderts ausgemalt worden.[2] Selbst die grünen Bewegungen von heute sind von Träumen von einem ursprünglichen, unschuldigen Eden beeinflusst. Die Selbstversorgungsbewegung der 60er Jahre war ein Versuch, eine ideale Welt zu schaffen, weit entfernt nicht nur von der Stadt, sondern auch von der Realität der Subsistenzlandwirtschaft, die genau dort seit Hunderten von Jahren im Gang war, wo man sich jetzt entschloss, grüne Träume zu verwirklichen.

Die ländliche Idylle aus klassischer Zeit, von Horaz' Sabine-Bauernhof bis Marie-Antoinettes Theaterstück bei den Melkerinnen im Petit Trianon, stellt das Land der Stadt gegenüber, wie es Freiheit von kollektiver Verantwortlichkeit repräsentiert, sozial wie auch sexuell. Arcadia, von Hirten und Jägern bewohnt, war eine Traumwelt in diesen Fantasien. Das Ländliche hat eine lange Literaturgeschichte von Theocritius zu Vergil bis hin zu Sir Phillip Sidneys Arcadia und Shakespeares „As you like it". (Wie Raymond Williams trocken herausstellt, ist es nicht einfach zu vergessen, dass Sidneys Arcadia, die dem englischen Neo-Ländlichen einen anhaltenden Rechtsanspruch gibt, in einem Park geschrieben wurde, der dadurch zustande kam, dass man ein ganzes Dorf einzäunte und die Bewohner evakuiert wurden.)[3] In „La Traviata" ziehen sich Violetta und Alfredo für ihre Liebesidylle aufs Land zurück, bis das Geld ausgeht.

Einsamkeit war im Denken der romantischen Bewegung ein herrlicher Kontrast zur geschäftigen Welt von Handel und Wandel. Die Gemälde und Stiche dieser Zeit zeigen uns leere Landschaften, von wenigen Hirten mit ihren Schafen bevölkert, oder einen Eremiten in seiner Zelle unter hoch aufgetürmten und unzugänglichen Felsen. Anders als die Landschaften des vorigen Jahrhunderts, die ruhige klassische Idylle sind, sind diese Landschaften eine Erforschung der Naturschönheiten, eine Übung in Sensibilität, ein Schauplatz für erhabene Gefühle. Perspektiven sind übertrieben, die Licht- und Schatteneffekte werden gebraucht, um die Szene zu dramatisieren.

Ironischerweise kam die romantische Bewegung in einer bestimmten Zeit in der Geschichte auf, als die schönen Flusstäler von England und Wales verunstaltet wurden, als man nämlich Kraftquellen suchte, Mühlen und Gießereien der industriellen Revolution anzutreiben. Als Wordsworth vom „Sylvan Wye" in seinen „Lines written a few miles above Tintern Abbey" schrieb, ignorierte er die Tatsache, dass das Wyetal in der Nähe von Tintern in Wahrheit eine Industrielandschaft war, mit Handelsverkehr auf dem Fluss und Eisenschmelzöfen an seinen Ufern; Gilpin stellte in seinen Beobachtungen auf dem Fluss Wye fest, dass ihr Rauch „aus den Hügeln hervordringt. Und über einen Teil von ihnen breitet er einen dünnen Schleier, er durchbricht ihre Linien wunderbar und vereinigt sie mit dem Himmel."[4] Selbst Industrie konnte romantisch sein.

Die Industrie hat heute Tintern aufgegeben, obwohl der Autoverkehr durch Wye Valley in der Touristensaison Verschmutzung anderer Art bringt. Viele der „schönen Stellen", die von heutigen Touristen, den Romantikern des 20. Jahrhunderts, besucht werden, tragen verborgene Spuren ihrer industriellen Vergangenheit. Die Natur hat die Schönheit wiedergewonnen, die Einsamkeit ist leider dahin.

In dieser Periode hat auch das Gärtnern die Sicht von Natur als Einsamkeit, in die man zur Erholung eintritt, widergespiegelt. Die heutige Sicht von der Natur auf dem Lande als Ort der Freizeit und Erholung, im Wesen eine städtische Sicht, ist ein Nachkomme dieses Standpunkts. Frühe Ideen des Gartenbaus bedeuteten die Einzäunung eines Raums; der Garten war ein Ort, der für den Anbau von Obst, Kräutern und zartem Gemüse herausgestellt wurde. Mit der Einführung von Rosen und anderen Blumen wurde er auch ein Vergnügungsgarten, wo man der Untätigkeit frönen konnte. In islamischen Kulturen wurde der Garten ein Ort des Paradieses, wo man inmitten von kühlem Marmor und fließendem Wasser der Hitze und dem Staub entfliehen konnte.

Die Romantiker nahmen der Einzäunung des Gartens den Sinn, die ihn als ein der Wildnis entnommenes Land schützen sollte, indem sie die Wildnis zurück in den Garten holten, natürlich vom modischen Geschmack gebührend bestimmt. Mauern wurden eingeebnet und von Wall und Graben ersetzt, die den Eindruck von Weite gaben. Was an Einzäunung blieb, wurde so arrangiert, dass es eine Reihe von Erfahrungen darstellt, Brennpunkte in der allgemeinen Idee eines Spaziergangs durch die ländliche Natur. Künstliche „Eremitagen" und Grotten wurden eingeführt, um die Illusion von der Erfahrung der Natur als Erfahrung des Ursprünglichen, als Einsamkeit zu bewahren.

Diese gewollte Erfahrung von Einsamkeit war ein Nachdenken über das menschliche Leben; man distanzierte sich von der Gesellschaft. Bestenfalls war es ein Traum ursprünglicher Unschuld, verlorenen Paradieses; schlimmstenfalls war es ästhetisches Gehabe. Es gibt keinen Weg zurück nach Eden. Die biblische Sicht ist die des Fortschreitens bis hin zur letzten Vollendung; wie es der orthodoxe Theologe P. Evdokimov darstellt: „Das Königreich ist nicht einfach eine

Umkehr zum Paradies, sondern seine voran bewegende kreative Erfüllung, die die ganze Schöpfung mit aufnimmt."[5]

Physische Einsamkeit wird in unserer überbevölkerten Welt, wo die Natur auf dem Lande als Freizeitanlage gesehen wird, seltener. Jeder der heute den Lake District im Frühling oder Sommer besucht, um Wordsworths einsame Erfahrung zu suchen, würde traurig enttäuscht sein. Die schonungslose Erosion, die durch zahllose Füße verursacht ist, zerstört die ruhige Schönheit, die die Leute suchen. Was immer sie suchen, Einsamkeit finden sie nicht. Das Konzept der „Freizeit" ist an sich eine romantische Idee, sie ist das Gegenstück zur Idee der Arbeit als unaufhörliche, harte Arbeit, die das industrielle Leben auferlegte. Die „faulen Reichen" hatten Freizeit.

Freizeit ist in der Tat kein Konzept, das zum Land gehört. Das Leben eines Bauern ist besonders für die Abwesenheit von Freizeit bekannt, denn die Arbeit beanspruchte den ganzen Tag, solange es hell war. So war das grundsätzlich mit der Arbeit in der Vergangenheit, bis der Erlass der Fürsorgegesetzgebung die Arbeiter in den Stand versetzte, Freizeit zu genießen. Für den Bauern kommt der Markttag der Freizeit am nächsten, doch viel davon wurde durch Kaufen und Verkaufen in Anspruch genommen. Was der Landmann in der Vergangenheit – und sogar heute noch – in seiner Arbeit genoss, ist Einsamkeit, obwohl das Geklapper der Traktoren und anderer landwirtschaftlicher Maschinen dazu tendiert, die Stille, die sie früher begleitete, zu zerstören. Der moderne Bauer erfährt eine andere Einsamkeit als seine Vorfahren, wenn er beim Pflügen in einer geschlossenen Traktorhaube und bei laufendem Radio arbeitet; vielleicht ist es eher eine Isolierung von Einsamkeit als eine Erfahrung von etwas Größerem als man selbst ist und von dem man Teil ist.

Das Vermögen, allein zu sein, ist eine Kunst, die in der modernen Welt weitgehend vergessen ist. Es ist die Fähigkeit, mit sich ohne Stützen zu leben, nämlich ohne die emotionale Bekräftigung, die Andere oder allgemein anerkannte Ideen zur Verfügung stellen. Einsamkeit ist ein Ort, wo man sich mit einem Gefühl der Distanz aufhält, kein Ort, von dem man zur Realität zurückkehrt, wie man von einem Wochenende auf dem Lande zu unserem „wirklichen" Leben zurückkehrt.

Einsamkeit zu suchen ist für die meisten eine sporadische Erfahrung. Einsamkeit ist etwas, nach dem sie dürsten, aber nur wenige können sie als ununterbrochenen Lebensstil finden. Selbst in unseren Perioden der Einsamkeit merken wir unsere physischen Bedürfnisse, unsere gemeinsame Menschlichkeit; das erdet jede Versuchung, uns als rein „spirituelle" Wesen, die wie Engel zwischen Himmel und Erde leben, zu erachten. Monastische Tradition hat immer darauf bestanden, die Balance zwischen den Bedürfnissen des Körpers und den Bedürfnissen der Seele zu halten. Was wir brauchen ist eine Vereinfachung unseres Lebens, wo viele Dinge, die wir von klein an gewohnt sind als wesentlich anzusehen, als relativ behandelt werden.

Wenn wir einen ersten Geschmack von Einsamkeit bekommen, z. B. an unserem Wochenende auf dem Lande, merken wir hauptsächlich das Vergnügen, von unserem gewöhnlichen alltäglichen Dasein und seinem Druck getrennt zu sein. „Von allem weg" scheint solch ein attraktives Angebot zu sein; dem Druck des modernen Lebens zu entkommen, dem Telefon, den Anforderungen der Leute, dem Lärm des städtischen Lebens. Trennung von diesen Dingen bringt Erleichterung und Freiheit. Dies ist Gottes Sabbat, der siebte Tag der Schöpfung, wo die Arbeit aufhört. Wie Gott betrachten wir die Schöpfung und erachten sie als gut.

Hier sind wir nicht Touristen, die nach anerkannten Vorstellungen suchen von dem was „schön" ist, also den imposanten Ideen, die wir mit uns gebracht haben. Das wäre die „zivilisierte" Reaktion auf Erfahrung: neue Erfahrung in einen vorgegebenen Rahmen zeichnen, Erfahrung mit Meinung belegen, sie uns zu eigen machen, indem sie so Teil unseres In-der-Welt-Seins wird. In Einsamkeit werden wir von unseren gewöhnlichen Reaktionen getrennt, und wir verschmelzen mit der Erfahrung. Das passiert manchmal, wenn wir Musik hören, wo man sein Wissen über musikalische Theorie und Geschichte vergisst und mit der Musik eins wird. Wenn man die Natur betrachtet, wird man sich als Teil der Schöpfung bewusst, nicht als getrenntes Lebewesen, sondern in Beziehung zu allem, was ist.

Der irische Eremit aus dem 9. Jahrhundert schreibt von seiner Freude in seiner verborgenen Einsamkeit:

„Oh Sohn des lebendigen Gottes
Oh König seit eh, und immer König
Ich wünsche mir eine verborgene kleine Hütte in der
Wildnis als meine Bleibe
Eine ganz graue kleine quicklebendige Lerche nebenan
Einen Teich mit klarem Wasser, meine Sünden durch die
Gnade des Heiligen Geistes abzuwaschen
Einen wunderschönen Wald drumherum, der alles umschließt
Die vielstimmigen Vögel zu füttern und ihnen Schutz zu
geben
Zur Südseite nach Wärme ausgerichtet, ein kleiner Bach
darüberhin
Ein Stück Land, das allerlei Pflanzen hervorbringt
Anzuziehen und zu Essen genug für mich vom König der
Herrlichkeit
Und ich sitze und bete dann und wann überall."[6]

Welche Vergnügen hält Einsamkeit bereit? Das größte ist vielleicht das des Schweigens. Das Schweigen, das mit der Abwesenheit des Lärms beginnt, bedrängt uns. Es ist eine Einsamkeit von außen, die uns umfasst, ein Blick der Wüste, wo die Anregung unserer physischen Sinne auf ein Minimum reduziert ist.

In Schweigen und Einsamkeit sind wir von der Zeitordnung unseres üblichen Daseins getrennt. Das moderne Leben wird durch die Uhrzeit beherrscht; sie legt auf unsere Nächte und Tage einen starren Rahmen. Ohne Uhr wenden wir uns der Zeitordnung des Kindes, des Liebhabers und des kontemplativen Betrachters zu. Der Rhythmus der Sonne und des Mondes, der Rhythmus unserer Körper regulieren unser Leben. Diese täglichen Rhythmen wiederholen sich in den Rhythmen der wechselnden Jahreszeiten, die in städtischer Lebensweise fast unbemerkt vorübergehen. Die Wandlungsart der Natur, wo sich die Dinge von einer Substanz in die andere ändern, die Zeiten des Wachsens, des Verfalls und des Todes sind in der Stadt durch das Leben dauernden Wandels ersetzt, wo etwas Neues immer gefordert ist, eine Kultur ewiger Jugend, wo der Tod nicht ausgesprochen wird.

In Einsamkeit lernt man, allein zu sein. Ohne die Spiegel, die uns selbst bespiegeln und andere Leute für uns bereithalten, ohne die Konfektionsrollen, die man gewohnheitsmäßig spielt, ist man mit den Tiefen des eigenen Selbst, die in unserem täglichen Leben gewöhnlich keinen Platz finden, konfrontiert. Die Aufgabe ist, diese Tiefen zu erforschen, sich mit ihnen anzufreunden, sie als seine eigenen anzunehmen. Das ist eine Forschungsreise in unbekanntes Gebiet, das in der Ferne jenseits des Horizonts liegt.

Es gibt natürlich Dunkelheit in diesen Tiefen, der man früher oder später begegnet, wenn man weit genug reist. Das war den frühen Mönchen und denen, die in ihren Fußstapfen folgten, gut bekannt. Um in diese Unterwelt zu reisen, braucht man äußere Strukturen gewisser Art, um für einen Bezugsrahmen zu sorgen. Wie Odysseus auf der Insel der Calypso müssen wir ein neues Boot konstruieren, damit wir fähig werden, auf diesen heimtückischen Meeren weiter zu segeln. Zu diesem Thema wird in späteren Kapiteln noch mehr zu sagen sein.

Bisher haben wir von gewollter Einsamkeit aus freien Stücken gesprochen. Aber für manche ist die Einsamkeit, die sie finden, von außen auferlegt, und nicht die eigene Wahl. Defoes Robinson Crusoe,[7] der auf einer einsamen Insel verschollen war, reagierte darauf mit all der Unternehmung, die man von der protestantischen Arbeitsethik, die seinerzeit Mode war, erwarten würde. Der Gegensatz von zivilisierten Menschen und der Welt der „Natur" war ein Thema, das doch noch lange faszinieren sollte.

Die Trennung des „zivilisierten" Menschen ist eine Form der Entfremdung von der natürlichen Welt. Robinson Crusoes Furcht, als er einen fremden Fußabdruck im Sand fand, war die Furcht vor der unbekannten, der „wilden" Welt jenseits seiner Kontrolle. Sein Besitz eines Gewehrs und einer Axt, Überbleibsel von dem Schiffswrack, in dem alle seine Kameraden umgekommen waren, gaben ihm Kontrolle über die Möglichkeit der Vernichtung. Er machte sich daran, seine Palisade zu verstärken. Seine Einsamkeit ist der Ort der unbekannten Herausforderung und der Kampf gegen alle Widrigkeit, mit Hilfe der Werkzeuge der Zivilisation.

Coleridges „Ancient Mariner"[8], der bezeichnenderweise in poetischer Form und nicht als Roman geschrieben wurde, erschien etwa 80 Jahre später: 1798. Hier ist die Einsamkeit, die von dem Seemann erfahren wurde, keine Trennung von der „Zivilisation", sondern eine innere, eine Unfähigkeit zu lieben, weder die Welt der Natur noch seine Mitmenschen. Seine Vernichtung des Albatros, des Vogels des guten

Omens, der gute Winde brachte, ist ein Leugnen des Geistes und der Möglichkeit von Transzendenz.

„Instead of the cross, the Albatross
About my neck was hung."[9]

Es gibt eine totale Windstille, das Seewasser fault, seine Kameraden sterben, und er ist auf dem Ozean der Trostlosigkeit alleingelassen:

„Alone, alone, all, all alone,
Alone on a wide, wide sea!"[10]

Schließlich, als er die Wasserschlangen im Mondlicht beobachtet, ist seine dürre Seele von ihrer Schönheit bewegt, und eine Quelle der Liebe sprudelt von seinem Herzen. Er kann plötzlich beten, und der Albatros fällt von seinem Nacken. Er kann nun nach Hause zurückkehren, wo ihm der Lotse und ein „Heiliger Eremit" begegnen, und das Schiff des Todes sinkt.

Der Eremit ist ein vertrauter Bestandteil der romantischen Szene und repräsentiert hier den wahren Einsamen, nicht den der isoliert ist. Er ist ein Symbol der Erlösung und der Einsamkeit, vielleicht ein Aspekt der Distanz des Dichters. Der Isolierte kann nicht lieben, sondern ist in seine eigene Hölle eingesperrt. Ihr kann er nur entkommen, wenn er sein Herz der Liebe öffnet. Das ist die Botschaft, die der Seemann weitertragen muss, als er das Land erreicht, immer noch ein Wanderer, aber von innerer Verzweiflung erlöst.

Die Einsamkeit des Gefangenen ist nicht die seiner eigenen Wahl. Solche Einsamkeit muss ausgehalten werden, Überlebensstrategien müssen arrangiert werden, äußere Disziplinen müssen in Kraft treten, sodass die Zeit noch wichtig ist, sodass die Welt draußen noch die dominierende Kraft ist. Der Terrorapparat, der politischen Gefangenen aufgedrängt wird, ist genau dazu entworfen, diese Welt zu zerstören, um so den Gefangenen ins Chaos und Relativität zu stürzen. Diejenigen die verstärkte Haft überleben, sind die, die die Einsamkeit erwählen, die „durch das Tal der Qual gehen und es als Brunnen nützen"[11], die es als Ort der Begegnung mit Gott ausnützen können.

Jene, die durch Verlust, Krankheit oder Alter Einsame geworden sind, sind Gefangene der Umstände. In der ungewollten Wüste der Einsamkeit ist Gott nur in einem Gefühl von Mangel gegenwärtig. In dieser Leere, wenn die Grenze der eigenen Reserven erreicht ist, ist man auf die Barmherzigkeit Gottes geworfen. Die Armut und die Bedürftigkeit sind die einzige Realität. Doch gerade am Ende der Fahnenstange, am Ort der absoluten Hingabe, am Herzen des Kreuzes lässt Gott sich finden und wartet auf uns.

Anmerkungen

1. William Cowper, The Task, bk. 1,1.749; „Es ist Zeit, die Stadt zu verlassen und hinter all den Sonntagsreden den Vorhang der Wälder zuzuziehen. – Die Blockhütte, das Reich der Vereinfachung. Hier beschränkt sich das Dasein auf lebenswichtige Handlungen… Die Palette der zu erledigenden Dinge ist begrenzt. In der Stadt geht jede Handlung auf Kosten von tausend anderen. Worauf es ankommt? Auf der Erdoberfläche nicht zu schwer zu wiegen. In seinen Rundholzwürfel zurückgezogen, beschmutzt der Einsiedler die Erde nicht." S. Tesson, In den Wäldern Sibiriens, a.a.O., S. 39 u. 40.

2. 1. Hinweis: Joseph v. Eichendorffs Novelle: Aus dem Leben eines Taugenichts (1826), die wegen ihrer idyllischen Naturstimmung und ihres satirischen Bildes spießbürgerlicher Gesellschaft von prägender Bedeutung für die dtsch. Jugend- und Wanderbewegung war. 2. Hinweis: Hermann Löns Tier- und Landschaftsschilderungen (z.B. Mein grünes Buch, 1901, Mein

braunes Buch, 1906) zeugen von scharfer Beobachtung und Liebe zur Natur, und auch davon, dass H. Löns sich auf Einsamkeit einließ, deswegen die Stadt verließ, um allein durch die Heide zu pirschen, auch nachts. WAL

3. Raymond Williams, The Country and the City, p. 22
4. Stephen Gill, William Wordsworth, a.a.O., p. 152
5. Jürgen Moltmann, God in Creation, London 1985, p. 348. Zu ganz anderen Einsichten kommt Mircea Eliade in: The Yearning for Paradise in primitive Tradition, Spring 1959, pp 255 – 266, insbesondere pp. 264: "Unter primitiven Völkern, genauso wie unter Heiligen und christlichen Theologen ist mystische Ekstase eine Rückkehr zum Paradies. Zum Ausdruck kommt sie durch Überwindung von Zeit und Geschichte (also des Sündenfalls), und so ist der urzeitliche Zustand des Menschen wiedererlangt." Damit wäre die Frage angedeutet, inwieweit die Sehnsucht nach dem Paradies maßgeblich ist bei der Suche nach physischer Einsamkeit; mehr noch: ist es etwa sie, die alle Pfade in Einsamkeit bestimmt? WAL
6. Kuno Meyer, Selections from Ancient Irish Poetry, a.a.O., pp. 30
7. Daniel Defoe, Robinson Crusoe, a.a.O.
8. S.T. Coleridge, The Rime of the ancient Mariner, a.a.O.
9. ebd. Part II, 141, 142
10. ebd. Part IV, 232, 233
11. Ps 84,6, Coverdale translation,1662; vgl. Einheitsübersetzung Ps 84,7: Ziehen sie durch das trostlose Tal, wird es für sie zum Quellgrund und Frühregen hüllt es in Segen

Teil 2

Historische Wurzeln

Kapitel 4

Innere Einsamkeit

Es ist der Mönch, der von Einsamkeit besessen ist. Das Wort „Mönch" kommt vom griechischen Wort „monos", allein. Sich für Einsamkeit entscheiden ist der stärkste Ausdruck für Abstand von der Gesellschaft und ihren Werten, ein Leben aus dem Gefühl der Trennung; so empfanden es die ersten Christen. Wie die Propheten mit ihrer blendenden Vision von Gott, so ist der Mönch berufen, einer Tagesordnung zu folgen, die anders ist als die der Anderen. Um die wertvolle Perle zu besitzen, gibt der Mönch alles, wie der Kaufmann im Evangelium (Mt 13,46). Trotz jahrhundertelanger Entwicklung monastischen Lebens wird der Mönch in aller Literatur immer noch als „monos" gesehen. Der ursprüngliche Ruf zur Einsamkeit ist der gleiche geblieben, unter allen äußeren Formen, die er angenommen hat, von dem frühen Eremitenleben der ersten Mönche bis zu den späteren Ausführungen des koinobitischen - oder Gemeinschaftslebens.

Die frühen Christen, die in die Wüste gingen, waren diejenigen, die fühlten: um Gott zu suchen, müssten sie sich von der Welt distanzieren; und die war nicht so sehr anders als die, in der wir heute leben, gefüllt mit Gewalt und der Suche nach Vergnügen.[1] Mit Hilfe ihrer physischen Trennung von den Werten und Ablenkungen der Gesellschaft jener Zeit suchten sie danach, sich allein mit Gott zu befassen. Ihre Rollenmodelle waren die biblischen Propheten, insbesondere Elija, der von den Raben in der Wildnis ernährt wurde und der als ein Einsamer in einer Höhle auf dem Berg Karmel lebte, und Johannes der Täufer, „der Prinz der Eremiten", wie Richard Rolle, der englische Eremit des 14. Jahrhunderts ihn beschrieb. Aber ihr Leben wurde nicht von dem bestimmt, von dem sie getrennt waren, sondern von der geheimnisvollen Leere der Wüste, die sie anzog, der Wüste, die ein Symbol der Andersartigkeit Gottes blieb.

In Indien erschien der monastische Lebensstil schon vor der christlichen Zeit; damals wie heute sind der Eremit und sannyasi oder religiöse Bettler vertraute Figuren.[2] Sich von der Gesellschaft absondern, um ein asketisches und diszipliniertes Leben zu leben, war ein Lebensstil, der auch in der jüdischen Welt fest etabliert war. Über die Essener wissen wir etwas von modernen archäologischen Ausgrabungen und von den Schriften Philos, Plinius des Älteren und Josephus. Sie bildeten eine exklusive Gesellschaft oder Sekte. Sie versorgten sich selbst, indem sie verschiedene Handwerke ausübten. Sie lebten in strenger Ordnung und zölibatär. Besonders waren sie bekannt wegen ihrer Nächstenliebe Armen und Bedürftigen gegenüber, wegen ihrer Verurteilung der Sklaverei, und weil sie allen Besitz gemeinsam hatten. Zunächst lebten sie in Städten und Dörfern, aber allmählich zogen sie sich in die Abgeschiedenheit zurück und gründeten eine Siedlung am Ufer des Toten Meeres. Die Therapeutae, eine andere von Philo erwähnte jüdische Gesellschaft, führten einsames Leben in Gebet und Studium. Ihre Hauptsiedlung war am See Mareotis in der Nähe Alexandrias. Sie lebten in getrennten Häusern nahe genug beieinander, um Schutz zu gewährleisten, aber so weit auseinander, dass es für Einsamkeit ausreichte. Das war das Muster, das in den späteren christlichen Siedlungen, die in den wilden unkultivierten Orten südlich von Alexandria und entlang der Wüstenkante des Niltals entstanden, wiederkehrte.

Als also die ersten Christen in die Wüste gingen, die ersten vielleicht, weil sie vor wiederkehrenden Verfolgungen des römischen Reiches flohen, die späteren, weil sie ihr Getrenntsein bewahren wollten, bauten sie auf einen Lebensstil auf, der schon bestand. Die ersten christlichen Asketen, sowohl

Männer als Frauen, lebten ein diszipliniertes Leben innerhalb ihrer eigenen Häuser. Manche lebten in den Außenbezirken der Dörfer; und einige gingen weiter in die Wildnis an unkultivierte Orte. Das hing jeweils vom Vorrat an Wasser und Nahrungsmitteln ab. Die Wüste in der Bibel wird als Wiege des Glaubens porträtiert, der Ort wo Abraham und seine Nachkommen wanderten, allein von Gott abhängig. Abraham wurde gesagt, er solle sein Land, seine Verwandtschaft und seines Vaters Haus verlassen (Gen 12,1); und diejenigen, die losgingen um an Wüstenorten zu leben, sahen sich als Nachfolger Abrahams und unterwarfen sich der Vorsehung Gottes. In der Welt der Antike war der Mensch an seinen Ort in der Gesellschaft durch die Familie, zu der er gehörte, gestellt. Und von daher ergaben sich die Verpflichtungen für Familie und Gemeinschaft. Auf Besitz, Familie und die frommen Verpflichtungen eines solchen Lebens zu verzichten, einschließlich der Ehe und der Fortführung der Familienlinie, muss als ein revolutionärer Akt gesehen worden sein. Man verließ in der Tat „die Welt" und wurde ein Bürger des „Himmelreichs". Diese Begrifflichkeit ist heute noch in Gebrauch: „Die Welt" im Gegensatz zum monastischen Leben; die physische Trennung des Mönchs, die durch das Tragen eines Habits und durch das abseitige Leben im Kloster gekennzeichnet ist.

Heutzutage denkt man, Mönche und Nonnen seien hauptsächlich jene, die in Gemeinschaft leben. Aber es war nicht immer so. Im „Leben des Antonius" ist uns ein Bild von einem Lebensstil gegeben, der wesentlich einsam ist. Antonius war in Ägypten um 250 geboren, als Sohn wohlhabender, christlicher Eltern, doch wird uns gesagt, dass ihm Lernen nie am Herzen gelegen hat und dass er Zeit seines Lebens Analphabet blieb. Als seine Eltern starben, war er etwa 18 oder 20 Jahre alt. Eines Tages hörte er in der Kirche die Worte des vorgelesenen Evangeliums: „Dir fehlt eins, geh, verkauf alles was du hast und gib es den Armen, und du wirst einen Schatz im Himmel haben, und komm und folge mir nach" (Mk 10,21). Als er diese Worte hörte, gab Antonius sogleich all seinen Besitz weg; für seine jüngere Schwester sorgte er, indem er sie bei „bekannten und gläubigen Jungfrauen", einer frühen Nonnengemeinschaft, unterbrachte. Antonius fing an, am Rande seines Dorfes zu leben, wo er einen alten Mann, der das Leben eines Eremiten seit Jahren im nächsten Dorf lebte, nachahmte. Er arbeitete mit seinen Händen und gab seinen Verdienst für Brot und für die Armen aus. 15 Jahre lang, so wird uns gesagt, lebte er so; während dieser Zeit besuchte er viele Mit-Eremiten und „wie die fleißige Biene Honig von vielen Quellen sammelt", speicherte er alles in seiner Erinnerung.

Dann lebte er in gewisser Entfernung vom Dorf in einem Grab, nachdem er mit einem Freund übereinkam, dass dieser ihm regelmäßig einen Vorrat an Brot brächte; Gräber betrachtete man als Lieblingsort von Dämonen, der djinns, die ein vertrauter Teil der ägyptischen Szene waren. Es ist darauf hingewiesen worden, dass dies ein antik bemaltes Grab war und dass die Tiere, die dem Antonius erschienen sind, auf antike Götter hinweisen. Das dürfte jedoch eine zu wörtliche Interpretation dessen sein, was im Grunde ein seelischer Kampf war, den Antonius im Herzen austrug. Uns wird erzählt, dass er durch die Dämonen geschlagen wurde, die solch einen Lärm machten, dass des Nachts der ganze Ort von einem Erdbeben erschüttert zu sein schien. Am nächsten Tag, als sein Freund ihm Brot brachte, fand er ihn bewusstlos auf der Erde liegen und brachte ihn zur Dorfkirche. Und uns wird berichtet, dass seine Freunde und Verwandten um Antonius wie um eine Leiche saßen. Aber um Mitternacht, als alle außer seinem Freund schliefen, kam er zu sich und bat still seinen Freund, ihn zurück ins Grab zu bringen.

Antonius setzte den Kampf fort, von körperlichen Schmerzen ruiniert, aber im Geist unerschüttert. Schließlich schien es ihm, dass das Dach sich öffnete und ein Lichtstrahl auf ihn herabkam. Die Dämonen verschwanden, seine Schmerzen hörten auf. Er fragte die Vision: „Wo warst du, warum hast du es zugelassen, dass ich solche Schmerzen hatte?" Und eine Stimme kam zu ihm: „Antonius, ich war hier, aber ich wartete, um deinen Kampf zu sehen. Da du standhieltst und die Schlacht gewonnen hast, will ich dir immer helfen und deinen Namen überall bekannt machen." Antonius war damals ungefähr 35 Jahre alt.

Als nächstes machte er sich auf und lebte in einem verlassenen Fort, voll von Schlangen und Skorpionen, die ihn sogleich verließen, wie sie es immer in den Heiligenlegenden tun. Schlangen und Skorpione sind Teil der Wüste, dem Ort der Rettung und absoluter Abhängigkeit von Gott, in die er die Israeliten vom Land Ägypten bringt (Dtn 8,15). Antonius nahm einen Vorrat Brot mit sich und fand Wasser im Fort. Er verrammelte den Eingang und blieb dort allein; zweimal jährlich wurde er mit Brot versorgt, das man in einem Korb vom Dach herunterließ. Seine Freunde und Bekannten verbrachten oft Tage und Nächte draußen, von wo sie die Geräusche der Auseinandersetzung im Innern hörten. Fast 20 Jahre lebte er so weiter in Einsamkeit, ohne je das Fort zu verlassen. Viele, die ihn kannten, kamen und kampierten draußen, bis sie schließlich die Tür niederrissen und ihn baten, heraus zu kommen und sie in diesen Lebensstil einzuweisen.

Schließlich fand Antonius seine eigene Einsamkeit in solch einer Menge nicht mehr möglich und seine Demut durch die Forderungen an ihn kompromittiert. Er brach auf und ging ins obere Thebaid, wo man ihn nicht kannte. Aber eine Stimme kam zu ihm und wollte, dass er in die innere Wüste ginge. „Wer wird mir diesen Weg ohne Spur zeigen?" rief er.

Aber dann erschien eine Gruppe Nomaden, die diesen Weg reiste, und nach drei Tagen kamen sie zu einem hohen Berg, an dessen Fuß eine Quelle und ein paar Palmen waren. Hier blieb er; von Zeit zu Zeit wurde er von den Nomaden und seinen Freunden mit Brot versorgt, und er zahlte dafür mit den Körben, die er flocht. Aber um zu vermeiden, ihnen irgendwelche Schwierigkeiten zu machen, bat er sie um Werkzeug und Saatkorn. Das säte er aus und versorgte sich so völlig selbst. Er baute auch Gemüse an und war mit Datteln von den Palmen versorgt. An diesem Ort, „dem Inneren Berg" blieb er für den Rest seines Lebens. Er starb 356 im Alter von 105 Jahren. In seinem hohen Alter wurde er in den letzten 15 Jahren von zwei Helfern begleitet.

Das „Leben des Antonius", wie es von Athanasius zwischen 356 und 362 aufgeschrieben war[3], ist natürlich Hagiografie und nicht historisch im modernen Sinn. Antonius ist eine Ikone des monastischen Lebens, eine Art Schablone oder Muster, nach dem viele spätere Berichte modelliert worden sind. Ob er tatsächlich der erste Eremit, der Einsiedler oder Bewohner von der eremos oder der Wüste war, das ist ganz bestimmt in der Tradition so gesehen worden. Hieronymus bemerkt im Vorwort seines Berichts über Paulus, „den ersten Eremiten", von Antonius, dass es „nicht so sehr das war, dass er vor allen anderen war, sondern dass der der war, der ihrer aller Leidenschaft erweckte."

Uns wird von Eusebius[4] von einem frühen Wüstenbewohner erzählt: Narcissus, Bischof von Jerusalem (ca. 200), der „von der ganzen Kirche floh und sich in der Wüste und an geheimen Orten verbarg und dort viele Jahre blieb." Das früheste uns bekannte christliche monastische Experiment in Ägypten war das des Frontonius, der sich während der Herrschaft von Antonius Pius (138-161) aufmachte, mit 70 Jüngern in der Nitrischen Wüste in Unterägypten südlich des Sees Mareotis zu leben. Nitria war der Ort, den sich Amun suchte; er war der Gründer einer anderen Siedlung und ein jüngerer Zeitgenosse von Antonius und wie er ein Kopte. Die Historia Monachorum, ein Bericht am Ende des 4. Jahrhunderts geschrieben und ins Latein von Rufinus, der 375 dort zu Besuch war, übersetzt, beschreibt die Zellen der Mönche voneinander weit entfernt. Die Mönche lebten in tiefstem Schweigen, und sie trafen sich nur an Samstagen und Sonntagen zur synaxis, dem Vigil-, Gebets- und Lesungsgottesdienst; einige von ihnen mussten deswegen eine Reise von etlichen Meilen zurücklegen. Ein späterer Bericht, die Historia Lausica des Palladius, der Nitria 388 besuchte, beschreibt die dortige Siedlung als eine von 5000 Mönchen, mit eigenen Backstuben und anderen Einrichtungen.

In Kellia, oder den Zellen, neun Meilen weiter in der Wüste, wurde ein ähnlicher Lebensstil verfolgt; Einsame lebten noch weiter voneinander entfernt und trafen sich an Sonntagen. Palladius sagt, dass etwa 600 Mönche dort lebten. Noch 80 Meilen weiter in der Wüste, eine Tag- und Nachtreise von Nitria entfernt, lag Sketis (das moderne Wadi Natrum), ein Ort der Salzmarschen; man sagt, dass es von Macarius, einem Jünger von Antonius, um 330 gegründet wurden ist. Das war ein Ort großer Entbehrung, wohin Wasser oft viele Meilen getragen werden musste. All diese Siedlungen betonen die Qualität von Liebe zum Nachbarn, obwohl sie grundsätzlich eremitisch waren. Wenn ein Mönch es nicht schaffte, in der Kirche zur synaxis zu erscheinen, wurde angenommen, dass er krank war oder tot; das untersuchte sofort jemand. Die Wüste war vor allem ein Ort der Gastfreundschaft, wie sie es immer noch ist. Rufinus, der von seiner Reise durch das monastische Ägypten um 375 schrieb, erinnert sich: „Als wir uns diesem Ort näherten, merkten sie, dass fremde Brüder näherkamen, und sofort strömten sie aus ihren Zellen wie ein Schwarm Bienen und liefen uns entgegen". Wenn neue Aspiranten für die Siedlung ankamen, taten sich die Mönche zusammen, um eine Zelle für die Neuankömmlinge zu bauen; einige machten ihre eigene Zelle leer, um sie den neuen Brüdern zu geben, und bauten eine andere für sich. Besuchern wurde immer zu Essen aus dem mageren Mönchsvorrat angeboten, Brot und Salz und vielleicht ein bisschen Öl. Cassian, der um 385 in Ägypten umherreiste und das monastische Leben studierte, spricht von einem äußerst prachtvollen Festessen, das ihm und seinem Freund Germanus geboten wurde: je drei Oliven, in Salzwasser eingelegt, ein Korb Kichererbsen, fünf in jedem, zusammen mit zwei Backpflaumen und einer Feige.[5]

Die Siedlungen entstanden gewöhnlich dadurch, dass sich Jünger um besondere Menschen sammelten, die Meister des spirituellen Lebens waren. Solches Ansehen hatten sie durch viel Mühe des Gebets und Fastens und harte Handarbeit erlangt. In vorliterarischer Gesellschaft waren die Ausführungen solcher Meister die einzigen Anleitungen, die erhältlich waren; sie wurden begeistert von ihren Hörern memoriert. Vieles solcher Lehren war zu kurzen Sprüchen verdichtet; sie wurden von einer Gemeinschaft zur anderen weitergereicht. Manches aus dieser Sammlung von gesprochener Weisheit wurde von späteren Reisenden aufgeschrieben; so war das bei Rufinus, der Ägypten, Nitria und Pispir besuchte, Antonius' Äußerem Berg 373, Johannes Cassian, der mit seinem Freund Germanus 385 kam und vier Jahre blieb und zwischen den monastischen Siedlungen hin und her reiste, eine Reise, die die Grundlage seiner „Einrichtungen" und „Unterredungen" von 420-430 bilden sollte, und Palladius, der nach Ägypten kam und Alexandria, Nitria und Kellia 388 besuchte. Den „alten Männern" wurde der ehrenhafte Titel „Abbas", Vater, verliehen; die Frauen, von denen weniger berichtet worden ist, die aber dieselbe Art Leben führten, waren als „Amma", Mutter, bekannt.

Die Autorität dieser „alten Männer" war charismatisch. Ihre Weisheit und Heiligkeit erwies sich von selbst, und ihr Leben des Gebetes als Frucht ihrer einsamen Kämpfe war transparent. Ihre Jünger brachten ihnen ihre eigenen Kämpfe und Versuchungen nahe und wurden durch ihren Rat und ihre Worte der Weisheit getröstet. Manchmal lebte ein junger Mönch in der Zelle des älteren und trat als sein Diener auf, suchte Nahrungsmittel, schaffte sie herbei und bereitete das Essen. Dafür erhielt er die Ausbildung für den Lebenswandel des Mönches. Man lernte den Lebensstil, indem man ihn lebte; die Pioniere lernten durch Versuch und Irrtum die Ausweichmanöver, die Fluchtwege des menschlichen Herzens, konfrontiert mit der Forderung, vor Gott total zu kapitulieren. Die Jünger lernten auch wie man betet, wie man die Psalmen in unaufhörlicher Wiederholung memoriert, und vieles aus der Bibel ebenso. In einer Gesellschaft mit sehr wenigen Büchern führt das Memorieren dazu, solche Dinge unaufhörlich im Gedächtnis zu haben. Nicht viele der frühen Mönche waren gebildet im modernen Sinn; Hieronymus, der in seinen 30er Jahren etwa vier bis fünf Jahre als Eremit in der Syrischen Wüste lebte, brachte zwar seine Bibliothek mit sich, kehrte aber schließlich zur Gelehrtenwelt zurück.

Arbeit, harte physische Arbeit war ein wichtiger Teil des Lebens der Mönche. „Wenn jemand nicht arbeiten will, soll er auch nicht essen" (2 Thess 3,10). Das nahm man sich als biblisches Prinzip zu Herzen. Sie bauten ihre eigenen Unterkünfte aus Lehmsteinen, die in der Sonne getrocknet waren; diese wurden entweder als einzelne Zelle gebaut oder mit zwei Räumen, der innere als Ort des Gebets. Sie bauten in ihren Gärten Gemüse an, ein wichtiger Teil ihrer Ernährung. Während des Tages flochten sie das Schilfrohr, das sie gesammelt hatten, und webten es zu Körben und Matten, die dann auf dem Marktplatz der nächsten Stadt verkauft wurden, um sich mit Brot zu versorgen. Die Bündel des

Schilfrohrs bildeten die Möbel ihrer Zellen; wenn sie dasaßen und arbeiteten, wiederholten sie ständig Psalmen. Die Mönche nahmen auch die harte körperliche Arbeit zur Zeit der Ernte auf sich; dass sie dadurch mit Korn für Brot versorgt waren, das war ihr Lohn.

Die Ernährung der frühen Mönche war hauptsächlich Brot und Salz. Man trank dazu Wasser, das oft von weither getragen werden musste. Wasser war auch für das Einweichen des Schilfrohrs nötig, um es biegsam genug zur Verarbeitung zu machen. Das Brot erhielt man oft in jährlicher Lieferung; ganz anders als das Brot, mit dem wir vertraut sind, gleicht es vielleicht dem alten Schiffszwieback, der auch für lange Zeit haltbar sein musste. Es wurde vor dem Essen mit Wasser eingeweicht. Mancherorts gab es etwas Öl und es wurde Gemüse angebaut. Die Ernährung war in der Tat nicht sehr anders als die Ernährung auf dem Lande in der Zeit, die wenig oder gar kein Fleisch erlaubte. Sie bestand hauptsächlich aus Getreide mit Erbsen, Bohnen oder Linsen und wenn erhältlich Gemüse.

In all dem war der Mönch mit dem armen Mann identifiziert, mit dem, der für seinen Lebensunterhalt gänzlich von Gott abhängig war. In späteren Jahrhunderten neigte man dazu, dieses Element der manuellen Arbeit aus dem monastischen Leben zu entfernen, obwohl der hl. Benedikt in seiner Regel sagt, dass „sie wirkliche Mönche sind, wenn sie durch ihrer Hände Arbeit leben."[6] Aber es war als Disziplin für den Körper wie für die Seele gesehen. Mönche sollten autarches en paso, Meister ihrer selbst in allen Dingen sein, unabhängig von allem anderen „in der Arbeit ihrer Hände, in ihrem Essen und in ihrer Kleidung." Diese wesentliche Distanz von Abhängigkeit von anderen Leuten führte zu Abhängigkeit von Gott allein. Abbas Pambo sagte als er starb zu den alten Männern, die um ihn herumstanden: „Von der Zeit an als ich zu diesem Ort der Einsamkeit kam und meine Zelle baute und in ihr lebte kann ich mich nicht erinnern, dass ich Brot gegessen hätte, das ich nicht mit meinen eigenen Händen verdient hätte. Auch bereue ich kein Wort, das mein Mund bis heute gesprochen hat. Doch gehe ich zum Herrn als einer, der noch nicht mal angefangen hat, Gott zu dienen."[7]

Die Kleidung des Mönchs[8] war die normale Bauernkleidung der Zeit. Sie bestand aus einer kurzärmeligen Leinentunika, mit einem Gürtel oder einem Strick, um die Tunika während der Arbeit zu raffen, einem kurzen Umhang und einem Schaffell, die man beide als Mantel oder als Schlafsack bei kalten Wüstennächten verwandte. Manche Gruppen von Mönchen trugen auch eine kleine Kappe, aber sie ähnelte nicht der späteren monastischen Kapuze. Es sollte keine besondere Tugend zur Schau gestellt werden, wie etwa sich in Sackleinen zu kleiden; alles sollte einfach und praktisch sein, die Kleidung eines Arbeiters. Erst viel später kam die Idee eines speziell monastischen Gewandes auf, nämlich das „Habit". Es wurde das Zeichen einer besonderen Klasse: derjenigen, die sich dem asketischen Leben verschrieben; das Habit wurde dem Neuankömmling dann gewährt, wenn er einige Zeit beharrlich durchgehalten hatte. Es war ein Zeichen dafür, dass er von den bestehenden Mönchen als einer von ihnen anerkannt wurde.

Anmerkungen

1. Die Anachoreten: abgeleitet von anachoresis (Aufbruch, Zurückgezogenheit); anachoretes (die sich absondern). Das Bedürfnis, sich von der Welt zu distanzieren, tritt zu allen Zeiten auf; völlig überzeugend (im 30jährigen Krieg) ist der Wunsch des Simplicissimus: „O Welt... du wollest kein Teil mehr an mir haben, und ich hingegen erhoffe auch nichts mehr von dir..." und sein 10maliges

Adieu, Welt (H. J. Ch. von Grimmelshausen, Der abenteuerliche Simplicissimus, a.a.O., S. 523-530, 24. Kap.); aus dem Tagebuch eines modernen „weltlichen" Anachoreten erfahren wir: „Man muss erst den Überdruss an modernem Stadtleben erfahren haben, um sich nach einer rauchenden Hütte in einer Lichtung zu sehnen. Erst wenn man sich im Fett des Konformismus nicht mehr bewegen kann, wenn das Schmalz des Komforts einen eingekapselt hat, ist man reif für den Ruf des Waldes." S. Tesson, In den Wäldern Sibiriens, a.a.O., S. 145. WAL

2. Master Han-Shan, Wer loslässt hat zwei Hände frei, a.a.O., S. 115 ff

3. Athanasius, Vita Antonii, a.a.O.

4. Eusebius, Kirchengeschichte, a.a.O., VI.9.

5. Cassian, Collationes Patrum, Unterredungen mit den Vätern, a.a.O., VIII.1

6. Die Regel des Hl. Benedikt, a.a.O., 48,8

7. Rosweyde, Vitae Patrum, V.i.16., B. Miller, Weisung der Väter, a.a.O., S. 250 (8)

8. Cassian, De Institutis Coenobiorum, Von den Einrichtungen der Klöster, a.a.O., 1.1-8.

Kapitel 5

Der monastische Pfad

Die frühen Mönche kämpften um „Reinheit des Herzens", den seligen Zustand, in dem man Gott sehen konnte (Mt 5,8). Um diesen Zustand, in dem Gott allein das Ziel aller Wünsche war, zu erreichen, kämpften sie mit ihren menschlichen Leidenschaften. Das waren die natürlichen Instinkte zum Überleben, wie sie in den Wünschen nach Essen und Sex enthalten waren. Ihre instinktiven Energien zu meistern, darum ging es bei ihrer Askese, ein Wort, das ursprünglich für das Training von Athleten gebraucht wurde. Der Apostel Paulus brauchte die athletische Metapher für das christliche Leben: „Jeder Athlet übt in allen Dingen Selbstbeherrschung. Jene tun dies, um einen vergänglichen Siegeskranz zu bekommen, wir um eines unvergänglichen willen" (1 Kor 9,25-27).

Fasten war ein wichtiger Teil der monastischen Askese; viele der Wüstenmönche fasteten tagsüber und aßen nur bei Sonnenuntergang. Als eine Bußdisziplin kommt Fasten, sowohl öffentlich wie auch privat, in der Bibel vor. Als eine öffentliche Übung ist Fasten die Anerkennung eines Anspruchs, der Forderungen Gottes, Allahs, des Heiligen Einen an das Volk. Die biblischen Asketen, wie Johannes der Täufer,[1] führten ein Leben anhaltenden Fastens und eingeschränkter Ernährung. Heute ist Fasten im Westen eine weniger gebräuchliche Praxis geworden; nur unter den muslimischen Gemeinschaften unserer Städte können wir Fasten mit seiner ursprünglichen Strenge durchgeführt sehen. So wie die Praxis des Fastens als eine religiöse Einhaltung in westlicher Gesellschaft abgenommen hat, so ist sie in säkularer Gestalt in der Form von Schlankheitskuren wieder

---

zurückgekehrt, als Korrektiv zur Maßlosigkeit beim Essen, wie sie in den reichen Nationen der Welt vorherrschend ist. Das ist die Maßlosigkeit, die von den Wüstenvätern als Gefräßigkeit gegeißelt wurde. In jüngster Zeit haben wir auch eine säkulare Umkehr zur Idee des Zölibats gesehen, nämlich „no sex" als Alternative zum „safe sex". Vielleicht ist das nicht ganz das Zölibat im Sinne der Wüstenmönche, aber ein gegenkulturelles Phänomen ist es wohl doch.

Cassian, der 385 von seinem Kloster in Syrien nach Ägypten reiste, beobachtete, dass in den Klöstern Ägyptens bei Ankunft eines Besuchers das tägliche Fasten gebrochen wurde. Auf die erstaunte Frage, warum das so war, wurde ihm geantwortet: „Zum Fasten habe ich immer Gelegenheit.... Euch zu empfangen ist so, als wenn ich Christus empfange; ihm bin ich zur Erholung verpflichtet. Wenn du wieder weg bist, kann ich die Gastfreundschaft um seinetwillen mit einem strikteren Fasten für mich allein wieder ausgleichen. Die Kinder des Bräutigams können nicht fasten,[2] wenn der Bräutigam bei ihnen ist (Mt 9,15); aber wenn er weg ist, dann werden sie fasten." So nimmt in der Wüste die Nächstenliebe immer ihren Vorrang vor der Regel ein, wie wir es in der Geschichte von einem Bruder sehen, der kam, um einen gewissen Eremiten zu besuchen. Als er wieder ging, sagte er: „Vergib mir, Abbas, dass ich dich vom Einhalten deiner Regel abgehalten habe." Der Eremit antwortete: „Meine Regel ist, dich mit Gastfreundschaft willkommen zu heißen und dich in Frieden zu entlassen."[3]

Das Ziel des Mönches war, vom Kampf mit den Begierden des Körpers zur Kontemplation göttlicher Dinge voranzuschreiten. Das brachte die Umleitung der Persönlichkeit zu einem anderen Ende als bloß zur von Allen gesuchten Befriedigung der Instinkte mit sich. Nicht nur körperliche Gewohnheiten mussten diszipliniert werden, sondern die ganze Geisteshaltung musste sich ändern. Die Werkzeuge in diesem asketischen Kampf waren zusätzlich zum Fasten „Vigilien (Reduktion des Schlafbedürfnisses des Körpers), Lesung (hauptsächlich der Bibel, für diejenigen, die lesen konnten) und zur Erinnerung von Scheitern und Täuschungen des Öfteren Herzenserforschung... und so werden wir durch unsere zahllosen Tränen und durch das Weinen unseres Herzens es schaffen, den glühenden Ofen unseres Körpers zu löschen."[4]

Aber das war erst die erste Stufe der Selbstdisziplin. Es gab noch eine weitere Schlacht: „Und lasst uns nicht glauben, dass ein äußeres Fasten von sichtbarem Essen allein möglicherweise genügen könnte, das Herz vollkommen und den Körper rein zu machen, es sei denn es hat sich damit auch ein Fasten der Seele verbunden. Denn die Seele hat auch ihre schädlichen Nahrungsmittel, Verleumdung, Wut, Neid, kenodoxia (Eitelkeit)."[5]

Hier wird die innere Mitte der Persönlichkeit angegriffen, das Sich-selbst-wichtig-nehmen; das nämlich fordert von uns nicht nur das Verlangen des Körpers, sondern auch des Selbstbildes an die erste Stelle unserer Aufmerksamkeit zu stellen. Die Eitelkeit, die uns selbst als besser oder heiliger als andere sieht, die Herabsetzung anderer oder der Neid auf sie, Wut über das, was man als ungerechte Behandlung von uns sieht, das alles sind Symptome einer Krankheit der Seele, eines geheimen Bereichs, den wir noch nicht Gott unterworfen haben.

Dieses sich ganz und gar Unterwerfen ist der Schlüssel zur monastischen Askese. Von außen und vielleicht von einem feindlichen Standpunkt aus mag das morbid und pervers erscheinen. Der natürliche Selbsterhaltungsinstinkt führt einen dazu, eigene Interessen in die Mitte zu stellen; das Ziel des Mönches ist aber, Gott in die Mitte zu stellen. Das bringt eine radikale Enteignung mit sich, eine Trennung von dem Lebensstil, dem man im Eigeninteresse bisher folgte. In späten römischen Jahren übernahm man die Tonsur, die den römischen Sklaven erkenntlich machte, als Zeichen, dass man nicht sein eigener Herr war, sondern Gottes Eigentum.

Die Wichtigkeit, die man der Unterwerfung der eigenen Interessen beimaß, ist der Grund für die Betonung der diakrisis, oder des Urteilsvermögens. Der junge Mönch, der Anfänger, wurde ermutigt, die „alten Männer" zu konsultieren, denn sie waren es, die nach vielen Jahren des Strebens, durch lange Erfahrung ihres eigenen Kampfes die Weisheit und Einsicht erlangt hatten, Herzen zu lesen. Urteilsvermögen war eine spirituelle Gabe, die sie befähigte, die Bereiche der Persönlichkeit, die noch nicht unterworfen waren, zu beurteilen. Die Versuchungen des Mönches zeigten sich und waren ein Führer zu jenen Bereichen, die noch weitere Bearbeitung benötigten. Antonius sagte: „Es ist eine enorme menschliche Aufgabe für jeden von uns, Verantwortung für unsere eigenen Fehler im Lichte des Herrn zu ergreifen und Versuchung bis zu unserem Todestag zu erwarten."[6] Von Amma Sarah, einer der großen Frauen der Wüste, wurde erzählt, dass sie 13 Jahre gegen sexuelle Versuchung kämpfte; aber nie betete sie, von dem Kampf befreit zu werden, sondern sagte immer wieder: „Herr, gib mir die Kraft."[7]

Es ist nicht unnatürlich, dass sexuelle Versuchungen in den Geschichten der Wüste als Bereich großer Schwierigkeit bedrohlich näherücken. Nächtliche Illusionen waren das Werk der Dämonen, der Geister des Widerspruchs; sie griffen mit konstanter und hartnäckiger Gewalt den Körper und den Geist des Mönches an. Der Glaube an Dämonen oder djinns war in Ägypten weit verbreitet und besteht noch in Vorderasien. Sie waren Meister der Fantasie und Imagination, Fata Morganas der Wüste. Die Arbeit des Mönches war durch anhaltenden Kampf eine Läuterung nicht nur körperlicher Begierden, sondern auch des Geistes von Illusionen.

Wie bei jeder menschlichen Unternehmung gab es natürlich Fehlschläge. Aber die Anziehungskraft der Wüste war so, dass es viele Geschichten von Männern gibt, die in die Städte zurückkehrten, darüber verzweifelt, dass sie ihre Begierden überhaupt nicht besiegen konnten, aber die unwiderstehlich sich wieder zurückziehen ließen, um es noch einmal zu versuchen. Der Zweck des Trainings der Athleten ist, ein perfektes körperliches Gleichgewicht zu erzeugen, das den Körper befähigt, ohne Stress auf die Anforderungen, denen er ausgesetzt ist, zu reagieren. So sehen wir in den Portraits der alten Abbasse eine absolut ausgeglichene Person, jemand, der sich von Leidenschaft nicht bewegen lässt, aber der alle Tiefen und Täuschungen des menschlichen Herzens kennt; und mit dieser Kenntnis ist er befähigt, mit vollkommener Nachsicht anderen gegenüber aufzutreten. Dieses Wissen ist nicht leicht zu erhalten, sondern ist das Gold, das im Schmelzofen geläutert worden ist.

Diese Läuterung ist für Antonius ein Sich-Entleeren; Leere ist notwendig, damit der Geist darin Platz greift: „Und ich denke, wenn der ganze Körper gereinigt ist und die Fülle des Geistes erhalten hat, hat er eine gehörige Portion des spirituellen Körpers erhalten, die man bei der Auferstehung des Gerechten annehmen sollte."[8]

Die Anziehungskraft der Wüste in dieser Zeit war so stark, dass man sich scharenweise dort zusammenfand. In Gebieten wie Nitria entstanden hoch organisierte Siedlungen, mit Vorrat an Nahrung und zusätzlicher Regelung, die Handarbeit der Mönche zu vermarkten; das war weit weg von dem einfachen Pionierleben eines Antonius. Statt der vereinzelten Figur eines Einsiedlerasketen haben wir das Bild einer alternativen Gemeinschaft, in ihrem etablierten Lebensstil völlig selbstversorgend und selbstbewusst. Sogar die Siedlungen von Kellia und Scetis waren bald überfüllt. Es gab an den Kanten der Wüste das ganze Niltal hinauf Mönche, ebenso auf der Sinaihalbinsel und in Palästina und Syrien. Ihr Ruhm breitete sich durch die Berichte von Reisenden aus; diese Touristen des 4. Jahrhunderts brachten Geschichten der berühmten Abbasse und wie sie lebten mit heim. Der Zustrom an Touristen wurde so sehr zur Plage, dass ein bekannter Abbas seine Jünger anwies, die Besucher zu sortieren. Wenn sie durch die Worte „Hier sind Brüder von Jerusalem" vorgestellt würden, wüsste der Abbas, dass sie seriöse Sucher wären. Wenn sie aber mit den Worten „Hier sind Brüder aus Ägypten" hereingeführt würden, gäbe man ihnen etwas zu Essen und sollte sie weiterschicken.[9]

Wir können bereits sehen, das Schwergewicht hat sich in den Geschichten verlagert: von der Nachahmung Abrahams, der alles verlassen hat zu dem Abraham, dem versprochen wurde, dass er der Vater eines großen Volkes sein würde (Gen 46,3). Es gibt die Geschichten der Mönche wie Apollo und Or von der Thebaid. Von Or wurde gesagt, dass er viele Jahre als Einsiedler lebte, ehe er im Alter in die nähere Wüste umkehrte, um sich um Andere zu kümmern. Apollo ging erstmals mit 15 Jahren in die Wüste. Als er 55 Jahre alt war, kam er zurück und zog Jünger an sich. Und mit 80 Jahren gründete er schließlich eine Gemeinschaft (384/8). Man sagt, dass sie ein Gemeinschaftsleben führten und am selben Tisch aßen.[10] Einsiedler würden allein essen, ausgenommen die wenigen Mahlzeiten mit Besuchern aus Gründen der Gastfreundschaft und damit ihre Fastenaskese nicht von anderen bemerkt wurde.

Das Bild verschiebt sich vom Portrait eines Asketen als einsamen Helden zur Betonung der Rolle eines Lehrenden, von spiritueller Elternschaft zum Vaterschaftsimage in der traditionellen Vorstellung vom pater familias, dem Kopf des Haushalts. Einsamkeit wird nicht um ihrer selbst willen als Ort der Einheit mit Gott gesucht, sondern als Trainingsort zum Dienst am Menschen; statt das Leben der Armen zu teilen, wurde das monastische Leben Stück für Stück ein Statussymbol, das im Laufe des Mittelalters noch ausgeprägter wurde.

Dieses Statusdenken wurde durch die Einführung von Diakonen und Priestern in die monastischen Siedlungen verstärkt. Die frühen Mönche hingegen fanden den klerikalen und hierarchischen Stand für das monastische Leben unbedeutend. Die Institution der Kirchen war grundsätzlich eine städtische Vorgehensweise, die aus der örtlich versammelten Gemeinschaft entsprang. Die Mönche hingegen suchten Gott in Einsamkeit; Gemeinschaft war eine Störung, sogar eine Versuchung. Als aber die monastischen Siedlungen größer wurden, schlich sich das Kirchliche ein, nämlich mit dem Brauch der Treffen am Samstag und Sonntag für Vigilien mit Gebeten und Lesungen. Der Klerus hatte einen sozialen Status; und der war in den Anfängen, als Versuchungen gegen Demut energisch widerstanden werden sollte, noch unbekannt. „Fliehe vor Bischöfen und Frauen" war eine frühe Warnung gegen Versuchungen; so steht es in verschiedenen Anweisungen.

Die meisten monastischen Siedlungen bestanden aus dem typischen Muster, wie sich die einzelnen Hütten gruppierten. Abbas Apollos Gemeinschaft war sicherlich nicht die einzige, die als eine Lösung des Problems vieler junger Lernwilliger galt: sie suchten das monastische Leben, aber eine ausreichende Anleitung hatten sie nicht. Viel zu wenig Lehrer mussten sich auf so viele Sucher verteilen. Die alte 1 zu 1 Methode des asketischen Trainings konnte nicht mit der enormen Nachfrage fertigwerden. Das koinobitische - oder Gemeinschaftsleben sollte die populärste Form des monastischen Lebens werden. Das koinobium ist aber keine Gemeinschaft in modernem Sinn; obwohl das Leben gemeinsam gelebt wurde, wird es als ein asketisches Werkzeug im Leben des Mönches gesehen, wo die Fehler des Einzelnen im Umgang miteinander offensichtlich und ein Thema für asketisches Streben werden. Der koinobitische Mönch ist immer noch monos, einsam. Durch die gemeinsame Regel, die verschiedenen Sammlungen von Regeln und Vorschriften, denen jeder absolut gehorchen muss, wird die gemeinsame Unternehmung zusammengehalten.

Pachomius ist der, dem gewöhnlich die Eröffnung des koinobitischen Lebens zugeschrieben wird. Wie Antonius war er ein Kopte. Er wurde um 292 geboren, etwa 40 Jahre nach Antonius, und er starb 346, etwa 10 Jahre vor ihm. Seine Eltern waren Heiden, sodass er nicht als Christ aufgewachsen ist. Mit 20 Jahren wurde er zur römischen Armee einberufen und in die Stadt Theben versetzt, wo die Rekruten auf engem Raum lebten. Abends brachten einige Bürger den hungrigen Soldaten Essen und munterten sie auf. Pachomius war erstaunt und fragte, wer diese Leute wären, die so gut zu Männern waren, die sie nicht kannten. Und man sagte ihm, dass sie Christen wären. Am nächsten Morgen wurden die Rekruten auf ein Boot verfrachtet und nach Antinoe gebracht. Hier trainierte man sie in römischer Militärdisziplin und anderen Methoden; das war zweifellos das antike Pendant zum modernen Kasernendrill, dem sie unterworfen waren. Nachdem die Rekruten einige Zeit mit diesem Training befasst waren, hatte ein militärischer Sieg zur Folge, dass sie nicht mehr gebraucht waren, und so kehrten sie glücklich in ihre Dörfer zurück. Aber Pachomius ging nicht nach Hause; er reiste nach Süden, wo er in einem verlassenen Tempel in der Nähe eines christlichen Dorfes blieb. Um sich zu ernähren, baute er Gemüse an und erntete Datteln. Es wird gesagt, dass viele Leute um seinetwillen und seines warmen Mitgefühls für ihre Probleme auch dort leben wollten. Während er da war, wurde er nach einiger Zeit des Katechumenats getauft, wahrscheinlich zu Ostern, wie es Brauch war. Nach ungefähr drei Jahren hörte er von einem

Eremiten Palamon nicht weit entfernt, und er ging zu ihm und wollte von ihm als Mönch trainiert werden. Nach etwa sieben Jahren mit Palamon sammelte er Schilfrohr am Flussufer etwa 10 Meilen südwärts. Dabei kam er zu einem verlassenen Dorf, namens Tabennisi, wo es eine Tempelruine der Isis gab. Er hörte eine Stimme, die ihm sagte, dies sei der Ort für ihn, ein Kloster zu bauen.

Die Lage von Tabennisi am Ufer des Nils bedeutete, dass sein Experiment bald bekannt wurde, als ob er sein Kloster an einer Hauptstraße erbaut hätte, statt an einem weit entlegenen Ort, wie andere es taten, so war es eben mit dem Fluss. Es war in einer fruchtbaren statt in einer Wüstengegend. Bald kamen Männer in Mengen bei ihm zusammen. Und Pacho-mius organisierte sie nach römischem Wehrmachtssystem, mit dem er vertraut sein musste. Sie wurden in verschiedenen Häusern untergebracht, jedes unter Führung von sorgsam ausgewählten Männern. Der Erfolg römischer Armeen gründete in ihrer genialen Organisation. Und genau solche Organisation würde sicherlich von den Mengen benötigt, die zu den Klöstern des Pachomius strömten. Hieronymus schreibt in seinem Vorwort der Übersetzung der Pachomius-regel, dass man in jedem Kloster „Väter und Stewards, Minister und in jedem Haus einen Meister hatte. Ein Haus hat mehr oder weniger 40 Brüder, die dem Meister ge-horchen. Und der Anzahl der Brüder entsprechend gibt es 30 oder 40 Häuser in einem Kloster. Und drei oder vier Häuser bilden zusammen einen Stamm."[11] Die Brüder gruppierten sich entsprechend dem Handwerk, das sie ausführten, Schuh-macher zusammen, Leinenweber zusammen usw., jede Gruppe unter ihrem eigenen Meister. Wir haben hier einen Vorläufer der hoch organisierten Produktionslinien, die heute zum Bild industrieller Praxis gehören. Solch eine Arbeits-gemeinschaft hat man wahrscheinlich bis zu den Experi-menten von Robert Owen im frühen 19. Jahrhundert in New

Lanark in Schottland und in New Harmony in Amerika[12] nicht wiedergesehen.

Die Arbeit wurde um ihretwillen unternommen, nicht einfach um den Körper zu beschäftigen. Selbst bei der synaxis, wo man sich nachts zu Psalmen und Lesung traf und wo Pachomius selbst die Bibel erläuterte, wurde jeder Mönch mit angefeuchtetem Schilfrohr versorgt. Das wurde zu Stricken geflochten und später zu Körben verarbeitet. Je höher der Mönch in seiner Stellung war, je mehr Leistung wurde von ihm erwartet. Rangordnung war das A und O, sie war vom Eintritt ins Kloster an gültig und änderte sich nie.

Solch eine hoch organisierte Gemeinschaft hatte ihre Autoritätsstrukturen klar niedergelegt. Sie waren der Befehlsstruktur der römischen Armee sehr ähnlich. Die Regeln regulierten viele Gebiete des Lebens und waren darin ein Vorbild für viele spätere monastische Regeln, von denen die Regel des hl. Benedikt wahrscheinlich die weit bekannteste ist. Bis zu seinem Tod 346 hatte Pachomius neun Männerklöster und ein Frauenkloster gegründet; sie waren unter der Sammelbezeichnung koinonia bekannt. Das war der Vorgänger des mittelalterlichen religiösen Ordens. Das Modell für solche Gemeinschaften war die frühe christliche Gemeinschaft, wie sie in Apg 2,44 beschrieben ist: „Alle die glaubten waren zusammen und hatten alle Dinge gemeinsam."

Die Absonderung solcher Gemeinschaften war eher die Absonderung eines besonderen Lebensstils als die Trennung von jeglicher Gemeinschaft mit antonischen Mönchen. Offensichtlich war es ein weniger fordernder Lebensstil als das extreme asketische Leben der Wüstenväter; Führung stand immer zur Verfügung, sowohl von denjenigen, die dazu bestimmt waren, als auch von Pachomius selbst, der ein durch und durch charismatischer Mensch war. Das Leben des pachomischen Klosters war wahrscheinlich nicht so ganz anders als das ägyptische Dorfleben, mit der gleichen

Erwartung gegenseitiger Unterstützung, wie es in der Geschichte von Antonius erscheint, wo seine Bemühungen und sein Status als heiliger Mann von einer Menge besorgter Dorfbewohner unterstützt wurden. Diese Familienbande zu durchbrechen, gelang Antonius erst, als er sich zu dem Inneren Berg zurückzog und somit schließlich entwurzelt war. Um solche Abhängigkeit zu vermeiden, ergriffen spätere Einsame einen Wanderlebensstil.

Das monastische Leben, wie es in Ägypten Gestalt gewann, war das Muster aller späteren Formen von Ordensleben. Der eremitische, der semi-eremitische und der koinobitische Weg sind noch in den Kirchen des Ostens zu finden. Der hl. Basil (ca. 330-379) gilt als der, der das monastische Leben in Kleinasien und Osteuropa eingeführt hat. Nach einer Erziehung in bester heidnischer und christlicher Kultur in Konstantinopel und Athen machte er eine lange Reise nach Ägypten, Syrien und Mesopotamien, um sich vom Leben der Einsiedler Kenntnis aus erster Hand zu verschaffen. Er wurde Eremit auf eigenem Grund und Boden in der Nähe Caesareas in Kappadozien an der Küste des Schwarzen Meeres. Trotz dieser Erfahrung oder vielleicht wegen seiner Kenntnis der Gefahren des Einsiedlerlebens wurde er ein Anhänger des Koinobitentums. Trotz des Einflusses von Basil durch seine Regel, die mit der Regel von Benedikt im Westen vergleichbar ist, blühte in den östlichen Kirchen das eremitische Leben doch auf. Nach dem 5. Jahrhundert ist die bedeutendste Form östlichen Ordenslebens die Existenz eremitischer und koinobitischer Lebensformen nebeneinander: Auf dem Berg Sinai, in Konstantinopel und in Jerusalem gab es Klöster von Koinobiten, die mit Eremiten kompletter Einsamkeit Seite an Seite lebten. Es gab Rekluse und solche, die in Lauras oder Gruppen von Einsiedlern lebten. Sie alle widmeten sich dem Gebet und der manuellen

Arbeit, und sie waren unter einem gemeinsamen Ordensvorsteher vereint.

In Palästina befanden sich die meisten großen Lauras oder
semi-eremitischen Siedlungen in den Bergen östlich von
Jerusalem zum Toten Meer hin. Hier war der Lebensstil so
ähnlich wie der in der ägyptischen Wüste, in Nitria und der
Scetis. Jede Laura hatte einen Ordensvorsteher oder geistlichen Vater, der jeden Eremiten zwei- oder dreimal die
Woche besuchte, um ihm geistlichen Beistand und Rat zu
geben. Die Eremiten trafen sich in der Kirche an Samstagen
und Sonntagen, wie man es in Ägypten machte. Die manuelle
Arbeit bestand auch im Großen und Ganzen darin, Körbe
herzustellen. Diese Lauras wurden im 7. Jahrhundert weitgehend durch koinobitische Formen des Ordenslebens ab-
gelöst. Aber die alten eremitischen Formen sind immer noch
an einigen Orten zu finden, hauptsächlich auf dem Berg
Athos.[13]

Anmerkungen

1. J. Steinmann, Johannes der Täufer, a.a.O.
2. Cassian, De Institutis Coenobiorum, Von den Einrich-
    tungen der Klöster, a.a.O., V.24.
3. Rosweyde, Vitae Patrum, V.xiii.7., E. Miller, Weisung
    der Väter, a.a.O., S. 428 (1191)
4. Cassian, De Institutis Coenobiorum, Von den Einrich-
    tungen der Klöster, a.a.O., V.14.
5. ebd., a.a.O., V.21.
6. Rosweyde, Vitae Patrum, V.xv.2., B. Miller, Weisung der
    Väter, a.a.O., S. 16 (4)
7. Rosweyde, Vitae Patrum, V.v.2., B. Miller, Weisung der
    Väter, a.a.O., S. 89 (884)

8. The Letters of St. Antony the Great, a.a.O., p. 5 / Letter 1.

9. Rosweyde, Vitae Patrum, VIII.26., B. Miller, Weisung der Väter, a.a.O., S. 412

10. N. Russell, The Lives of the Desert Fathers, a.a.O.

11. A. Veilleux, Pachomian Koinonia, a.a.O., vol. 2. p.142.

12. Robert Owen's Baumwoll-Spinnerei als Musterbetrieb wies nach, dass moderne effektive Produktion unter menschenwürdigen Arbeitsbedingungen möglich ist. Sein zweites Experiment, eine utopisch genossenschaftlich konzipierte Kolonie, scheiterte.

13. E. Kästner, Stundentrommel vom heiligen Berg Athos, a.a.O.

Kapitel 6

Reisende und Wanderer

Das 4. Jahrhundert war eine Zeit großer sozialer Veränderung. Wie in den meisten anderen Gebieten des römischen Reichs war das Leben in Ägypten davon betroffen. Unter den Vielen, die zu Pachomius den Nil hoch und runter reisten, finden wir Leute verschiedener Herkunft. Sie sprachen verschiedene Dialekte und Sprachen. Wie das schon in der römischen Armee mit Männern verschiedener Rassen geschah, so war jede Gruppe in Tabennisi getrennt untergebracht und jeder wurden Anweisungen in ihrer Sprache erteilt. Die griechische Kolonie in Alexandria wurde von Alexander dem Großen gegründet. Daher rührt der griechische Einfluss, der in Ägypten schon früh stark war. An diesem wachsenden Einfluss lag es, dass die ursprünglich koptische Begabung für einfaches und bescheidenes Leben, das weitgehend ohne Lesen und Schreiben auskam, zum Rückgang führte. An die Stelle trat die griechische Leidenschaft für spekulative Theologie. Die griechische Idee, dass die Einheit mit Gott in erster Linie intellektuell sei, führte zu einem völlig anderen Schwerpunkt im monastischen Leben, weg von einfacher Praxis zu den berauschenden Freuden der Gelehrsamkeit.

Theologische Kontroversen tobten sich aus; besonders störend in Ägypten war das Aufkommen dessen, was später als Arianische Häresie bekannt war. Das Konzil von Nicaea 325 sollte die theologische Rechtgläubigkeit geklärt haben, aber die Auseinandersetzungen gingen weiter. Arius war ein Priester in Alexandria, nach einigen Berichten ein Libyer von Geburt. Athanasius, der Verfechter der Orthodoxie, kam von der griechischen Gemeinschaft in Alexandria und war kurz nach dem Konzil von Nicaea zum Bischof ernannt worden. Sogleich kam er mit den Arianern, die mächtige Freunde in Rom hatten, in Konflikt. Er wurde abgesetzt und ins Exil nach Trier an der Mosel geschickt. Trier war in jener Zeit das Verwaltungszentrum, von dem aus Gallien, Britannien und Spanien beherrscht wurden. Zudem war Trier die Lieblingsresidenz Kaiser Konstantins des Großen. Von dem römischen Dichter Ausonius war es als „Rom hinter den Alpen" beschrieben, sodass Athanasius nicht etwa in eine Wildnis verbannt war. Während er da war, machte er zahlreiche Missionsreisen. Nach einem Jahr kehrte er nach Alexandria zurück, aber war 339 genötigt, erneut zu fliehen. Das war damals als er nach Rom reiste und zwei ägyptische Mönche mitbrachte, die in der römisch christlichen Gesellschaft gehörig für Ärger sorgten. Athanasius' Rolle als Verfechter der Orthodoxie führte zu weiteren Epochen des Exils. 356 floh er nach Oberägypten und fand dort in den zahlreichen Klöstern Schutz. Athanasius war immer ein eifriger Befürworter des monastischen Lebens. Er kannte Pachomius und Antonius, dessen Vita er etwa 357 schrieb. Dieses Buch hatte einen großen Einfluss auf die Verbreitung des monastischen Lebens. Endgültig triumphierte die Orthodoxie auf dem Konzil von Konstantinopel 381.

Athanasius „Vita Antonii" war natürlich Propaganda und hatte großen Einfluss. Auf seinen häufigen Reisen in Gallien und Italien machte er wahrscheinlich für das monastische Leben Werbung. Einen kurzen Einblick seines Einflusses haben wir in den „Bekenntnissen" des Augustinus.[1] Da wird uns von einem Besuch des Pontitianus, eines Freundes, der am Kaiserhof ein hohes Amt innehatte, erzählt (im Jahre 386). Das war zu der Zeit als Augustinus um seine Vokation kämpfte. Der Freund entdeckte, dass Augustinus bei sich eine Kopie der Briefe des Apostel Paulus besaß, und er erzählte ihm von Antonius und den Mönchen in Ägypten. Er gab auch einen Bericht über einen Nachmittag in Trier, als der Kaiser mit den circensischen Spielen in Anspruch genommen war und er mit Dreien, die auch in des Kaisers Dienst standen, in Gärten in der Nähe der Stadtwälle spazieren ging. Er, der mit einem von ihnen zusammen war, und auch die anderen Zwei fanden ein Häuschen, das eine kleine Asketengruppe beherbergte. Dort stießen sie auf eine Kopie der „Vita Antonii". Als einer von ihnen zu lesen begann, drehte er sich zu seinem Freund um und sagte: „Was suchen wir eigentlich bei dem was wir tun? Was ist unser Motiv, dass wir im öffentlichen Dienst sind? Haben wir irgendeine höhere Hoffnung am Hof als die, dass wir Freunde des Kaisers werden? Und ist auf solcher Ebene nicht alles ungewiss und voller Gefahren? Und wie viele Risiken müssen wir noch auf den Weg zu dieser gefährlichen Stellung eingehen? Und wie lange wird es dauern, bis wir da sind? Aber wenn ich mich entschließe, ein Freund Gottes zu sein, kann ich der sofort werden." Und als er sprach und so von den Schmerzen des neuen Lebens, das in ihm aufkam, berührt wurde, wandte er sich dem Buch wieder zu. Und beide Männer beschlossen, bei den Asketen zu bleiben.

Trotz der Auswirkung der „Vita Antonii" in gebildeten Kreisen, war das nicht die ganze Geschichte. Die monastische Bewegung hat ihre eigene Triebkraft. Obwohl die Geschichte uns gewisse beachtliche Persönlichkeiten zeigt, sind es die zahllosen Unbekannten und Dunklen, die Stillen, die das Leben weiterhin treu in der einen oder anderen Form lebten, ohne dass Scheinwerfer auf sie fielen. Die Organisatoren und Neuerer hingegen sind die, die Spuren hinterlassen haben. Der erste Bericht, den wir vom Einsiedlerleben im römischen Gallien haben, ist der von Martin.[2] Nach einigen Jahren als Soldat in der römischen Armee wurde er Eremit und lebte auf einer Insel im Mittelmeer. 366, vierzehn Jahre nach dem Tod von Antonius, gründete er ein semi-eremitisches Kloster in Ligugé in der Nähe von Poitiers, dessen Bischof Hilarius sein Freund war. 371 wurde er durch Volksentscheid Bischof von Tours. Trotz seiner Arbeit als Bischof, blieb er im Grunde ein Mönch. Er gründete ein Kloster in Marmoutier, ungefähr zwei Meilen von Tours, wo er ein eremitisches Leben führte. Seine Zelle war eine hölzerne Hütte. Er hatte etwa 80 Jünger. Die meisten von ihnen lebten in Höhlen, die sie aus den Felsen schlugen. Das Leben glich dem der ägyptischen Wüste. Andere Einsiedler in Frankreich, von deren Leben und Traditionen Gregor von Tours 200 Jahre später berichtete, lebten in demselben Wüstenstil.

An der französischen Mittelmeerküste gegenüber von Cannes liegt die Insel Lérins, wo 410 ein Mönch Honoratius mit seinen Gefährten ankam. Die Insel war wie gewöhnlich von Schlangen und Skorpionen heimgesucht, die aber dann natürlich sofort verschwanden. In seiner Jugend war Honoratius durch Griechenland und andere Teile des Ostens gereist, wo er das monastische Leben studierte. Andere Einsiedler schlossen sich ihm an. Das Leben war semi-eremitisch, mit Mönchen, die sich in der Kirche zum gemeinsamen Gottesdienst trafen. Wie in eremitischer Tradition üblich, gab es keine schriftliche Regel. Die Lehre war mündlich. In einiger Entfernung vom Kloster, vielleicht auf einer angrenzenden Insel, gab es weitere Zellen, wo andere lebten, die größere Einsamkeit wählten. Lérins wurde ein Ort des Trainings, und viele Eremiten von Lérins wurden Bischof. Selbst England war unter solchem Einfluss, nämlich in der Person von Benedict Biscop (ca. 628-690), dem Gründer vom Kloster des hl. Peter in Wearmouth und vom hl. Paul in Jarrow, wo Beda seine Geschichte der englischen Kirche und des englischen Volks schrieb. Benedict Biscop lebte als Mönch zwei Jahre lang, von 665 bis 667 in Lérins.

Von diesen frühen Pionieren des monastischen Lebens außerhalb Ägyptens war keiner so einflussreich wie Johannes Cassian (ca. 360 - ca. 435). Er war wahrscheinlich von Geburt aus Gallier, der den frühen Teil seines Lebens in einem Kloster in Bethlehem verbrachte. Mit seinem Freund Germanus besuchte er Ägypten und verbrachte einige Jahre unter den Asketen der Wüste. Etwa 415 kehrte er zurück nach Gallien und gründete in Marseille zwei Klöster, eins für Frauen und eins für Männer, beide koinobitisch. Cassian war der erste Systematiker des monastischen Lebens. Auf Bitten des nachbarlichen Bischofs, der das monastische Leben in seinem Bereich einführen wollte, schrieb er seine „Einrichtungen der Klöster", eine Beschreibung von Kleidung, Nahrung und Ordnungen des monastischen Lebens im Osten. Sein Ziel war, dieses Leben an den Westen anzupassen.

Etwas später schrieb er seine „Unterredungen mit den Vätern", Berichte über die Lehren der großen spirituellen Meister in Ägypten. Das zweite Buch der „Unterredungen" war Honoratius von Lérins gewidmet, der nachher Bischof von Arles wurde. Sowohl die „Einrichtungen" als auch die „Unterredungen" haben großen Einfluss auf die Bildung des monastischen Lebens im Westen gehabt. Große Anteile der Regel des hl. Benedikt waren auf Cassians Werke gegründet. Benedikts berühmte Einteilung der Mönche in drei Arten: Koinobiten, Anachoreten und Sarabaiten[3] kommt direkt von Cassians Unterredungen XVII. Obwohl sein Hauptinteresse bei den Reisen durch die ägyptische Wüste dem Einsiedlerleben galt, kam Cassian zu der Auffassung, dass keiner dieses Leben ohne vorhergehendes Training führen könnte. Dafür sollte das koinobium sorgen. Benedikt sprach selbst vom koinobium als „einer Schule für den Dienst des Herrn."[4] In späteren Zeiten wurde die Schulzeit eher zur Norm, nicht mehr etwas, aus dem man herauswachsen sollte. Das

Einsiedlerleben, das Benedikt noch als Krone des monastischen Lebens darstellt, war nun vergessen.

Da all diese Entwicklungen in Gallien auf dem Gebiet, das durch die Römer seit einigen Jahrhunderten kolonisiert war, stattfanden, war die Kommunikation einfach. Ideen wurden Teil des intellektuellen Klimas der Zeit und verbreiteten sich schnell. Bücher wurden abgeschrieben und verbreitet. Jedes Kloster hatte ein Scriptorium zum Abschreiben der Bibel und anderer Bücher. In Gallien war das Christentum typischerweise auf die Städte, die römische Siedlungen waren, zentriert. Das keltische Volk Galliens lebte nicht in Städten, sondern in verstreuten Gruppen; und so folgten sie ihrem traditionellen Lebensstil. Es ist nicht überraschend, dass das Christentum als etwas aufgefasst wurde, das von Rom ausging und ausgesprochen römische Gestalt annahm. Bischöfe mit ihrem Sitz in Hauptstädten wurden Autoritätsfiguren in der römischen Gesellschaft. Sie verwalteten ihre Bezirke, wie römische Statthalter es tun würden. In der Figur des Martin haben wir noch Spuren einer älteren charismatischen Autorität aus der Wüste. Es ist bezeichnend, dass sein Biograph Sulpicius Severus, der sich von seinem Namen her klar mit Rom identifiziert, Martin als einen Zauberkünstler und Wundermann darstellt. Martins Vollmacht leitet sich nicht von römischen Machtstrukturen ab, sondern von anderer Macht.

314 berief Kaiser Konstantin das erste allgemeine Konzil der westlichen Hälfte seines Reiches in Arles ein. Ungefähr 33 Bischöfe nahmen teil, unter ihnen drei aus Britannien, der Bischof von York, London und wahrscheinlich von Lincoln. Das zeigt, dass das römische System von Stadtbischöfen in Britannien schon bestand. Bezeichnenderweise sind sie alle drei aus dem östlichen und romanisierteren Teil Britanniens. Aber das Christentum muss schon längst dort eingerichtet worden sein, wenn Bischöfe bereits ein Jahr nach Konstan-

tins amtlichen Toleranzedikt 313 erschienen. Nur etwa 10 Jahre waren, seit Kaiser Diokletian angeordnet hatte, alle Christen wild zu verfolgen, vergangen; aus dieser Zeit sind die Namen Alban und die Eremiten Julius und Aaron von Caerleon als Märtyrer Britanniens in Erinnerung. So stellt es Beda[5] in seiner Kirchengeschichte dar, obwohl moderne Wissenschaftler vermuten, dass die Geschichte von Alban aus einer früheren Welle der Verfolgung von 209 herrührt. Es gibt Erwähnungen von christlicher Präsenz in Britannien in den Schriften Tertullians und Origenes im frühen Teil des 3. Jahrhunderts.

Aber das Christentum ist nicht mit den Römern nach Britannien gekommen. Wenn es auch einige wenige Gläubige in ihren Reihen gegeben haben mochte, so waren sie doch hauptsächlich Heiden. Das ist etwas, das die frühere Historikergeneration mit ihrer Ehrfurcht vor der klassischen Welt und allem Römischen kaum glauben konnte. In Arles wurde eine Bemerkung über die Armut der britischen Bischöfe gemacht; das Christentum in Britannien war also nicht der Glaube der herrschenden Klassen, sondern der einfachen Leute. Es ist sehr wahrscheinlich, dass es in die romanisierten Gebiete von Gallien hereinkam, nämlich von christlichen Missionaren gebracht.

Aber das Christentum, wie es in dem westlichen nichtromanisierten Teil der britischen Inseln erschien, war ganz anders. Es war der Form nach monastisch, wie das Christentum des östlichen Mittelmeerraums. Die Glastonbury-Legenden sind ein Hinweis dafür, dass das Christentum nach Britannien über See kam, nämlich auf Handelsrouten. Wir wissen, dass Händler aus dem Mittelmeerraum nach Britannien kamen, um Zinn, Eisen, Blei, Kupfer, Silber und Gold zu suchen, ebenso Handelsgüter wie Lederhäute und Sklaven und Jagdhunde. Da das keltische Britannien keine Geldwirtschaft hatte, obwohl einige Herrscher Geldstücke herausbrachten, tauschte man mit feiner Keramik, Textilien, Wein und Öl. Diese Handelsrouten wurden in prähistorischer Zeit eingerichtet. Und auf ihre Spur ist man durch moderne Archäologen gekommen. Sie untersuchten die Reste von Kunstobjekten aus dem Mittelmeerraum, die man rund um die westlichen Küsten Britanniens entdeckte. Es war sogar Glas aus Ägypten dabei.[6] Die meisten dieser Handelsrouten gab es im Westen Britanniens, dort wo auch die Mineralvorkommen waren. Die römische Militärsuperstruktur herrschte durch Verträge mit Stammesfürsten, aber die keltischen Stammesgebiete waren noch weitgehend davon unberührt. Und genau hier, also im Westen, an den Handelsrouten aus dem Mittelmeerraum erschienen christliche Missionare der besonderen Art. Diese Männer waren Mönche, die ein semi-eremitisches Leben führten.

Die Kelten waren große Seefahrer. Es gab häufiges Kommen und Gehen über die keltische See zwischen Wales, Irland und Strathclyde, aber auch zu anderen keltischen Gebieten wie Cornwall und Brittany. Die frühen Missionare, die peregrini oder Wanderer reisten entweder allein oder in kleiner Gruppe, bis sie einen geeigneten Ort zum Siedeln fanden. Manche gingen bis zu den Färöer-Inseln oder nach Island. Xeniteia, das Wandern desjenigen, der ein Fremder und Pilger auf Erden war, war ein Lebensstil, den man schon in Ägypten kannte. Cassians früheres Leben war das eines Wanderers, als er von Kloster zu Kloster in Ägypten reiste, und andernorts in seiner späteren Karriere, bis er schließlich zu einem beständigen römischen Lebensstil in Marseille fand. Zwischen dem 4. und 6. Jahrhundert führten wandernde irische Mönche, die peregrini,[7] die Europa evangelisierten, eine Tradition fort, die zuerst vom östlichen Mittelmeerraum kam. Ihr Zuhause zu verlassen, wie sie es taten – aus Liebe zu Gott – war das Pendant zum In-die-Wüste-gehen; sie trennten sich von ihrer Familie und ihrer Heimat. Es könnte sein, dass die Mönche der 4. Klasse, die von Benedikt so sehr verdammt waren, die girovagi, die ewig ohne Stabilität herumzogen, irische Mönche gewesen sind, die Siedlungen in Bobbio und anderen Orten in Italien errichteten. Natürlich ganz normal ist dieser Wanderlebensstil im Hinduordensleben, mit der Figur des sannyasi; und in anderer Form tauchte er in den späteren Brüdern der Bettelorden auf. Solch ein Lebensstil hat reichlich apostolische Tradition in der Bibel. Aber etwas so Ungeordnetes musste römische Gefühle stören.

Keltisches Ordensleben behielt den schlichten Lebensstil der frühen Eremiten der Wüste bei. Wenn die Klöster anwuchsen, zogen Einzelne oder kleine Gruppen in die Abgesondertheit, sehr oft auf Inseln in Seen oder Flüssen oder vor der Küste. Fast jede Insel rund um die Küsten der britischen Inseln hatte irgendwann mal einen Eremiten bei sich. Dieses eremitische Muster war ganz anders als die Art späteren Mönchseins, wie es sich im Westen entwickelte. Das erhielt seine charakteristische Form von dem „westlichen Patriarchen" Benedikt von Nursia (ca. 480 - ca. 550). Benedikt wurde in Rom ausgebildet, wo, so sagt man, die Haltlosigkeit der römischen Gesellschaft ihn mit etwa 20 Jahren dazu veranlasste, sich zum Leben eines Eremiten in einer Höhle bei Subiaco zurückzuziehen. Hier verbrachte er einige Jahre, bis wie bei Antonius Jünger zu ihm stießen. Allerdings gründete er anders als Antonius Klöster. Schließlich zog er 525 nach Monte Cassino, wo er bis zu seinem Tod blieb. Seine Regel ist wegen ihrer Ausführlichkeit und Toleranz bedeutsam. Sie war „eine kleine Regel für Anfänger",[8] so beschrieb er sie. Wie wir gesehen haben, ist eine Regel, die für alle verpflichtend ist, die Möglichkeit, das koinobium, oder die Gemeinschaft zu leiten. In der Regel des hl. Benedikt ist die Autorität dem Abt übertragen. Er ist nicht mehr die charismatische Figur des Wüstenabbas, sondern einer, dem

die göttliche Autorität des byzantinischen Pantokrators verliehen ist. Gehorsam ist die höchste Tugend des koinobitischen Mönches, denn alle Autorität kommt von oben,
und die Gnade sickert von dort durch zu den niedrigen
Ebenen.

Durch die Anpassung der Mönche an das römische
Autoritätssystem verdrängte Benedikt wirksam die Natur des
frei umherlaufenden Mönches als Wanderer und Prophet mit
der Betonung der benediktinischen Gelübde von Stabilität,
Gehorsam und Bekehrung des Lebenswandels. Abgeson-
dertsein sah jetzt so aus: eine separate Gemeinschaft, von der
Welt zurückgezogen, mit einem Lebensstil, der neben der
Welt her gepflegt wurde und nicht in ihr engagiert war. Die
Ungewissheiten des Einsiedlerlebens, die Verantwortung für
seine eigene Erlösung waren wirksam durch das Gehorsams-
gelübde ersetzt worden, das letzte Mittel auf allen frag-
würdigen Gebieten.[9] Das entsprach den Bedürfnissen der
Zeit. Rom war von den Vandalen, barbarischen Stämmen aus
dem Nordosten, 455 geplündert worden. Das war nur 25
Jahre vor der Geburt Benedikts; die alten römischen Sicher-
heiten haben sich aufgelöst. Das ganze römische Reich war
von diesen neuen Völkern bedroht. Der letzte römische
Kaiser dankte 475 ab.

Auch Britannien war betroffen. Um die Stellung des Reiches
zu verteidigen, zogen sich römische Truppen zurück. Heid-
nische sächsische Stämme brachen in den Südosten ein. Zum
Ende des 5. Jahrhunderts kontrollierten sie ganz Ostbri-
tannien bis zum Humber. Und 100 Jahre später drängten die
Westsachsen nach Wiltshire und den oberen Teil des
Thamestals, und auch in das jenseitige Land bis an den
Severn. Und ihre Eroberungen weiteten sich allmählich aus.
Nur Wales, Cornwall und Schottland, die alten keltischen
Gebiete, blieben unberührt. 596 entsandte Papst Gregor der
Große, ein leidenschaftlicher Befürworter des benedik-

tinischen Mönchtums und selbst Mönch, Augustin, Prior seines eigenen Klosters vom hl. Andreas in Rom, auf eine Missionsreise zu den heidnischen Sachsen von Kent. Er wurde von Ethelbert, König von Kent, dessen Frau Bertha eine Christin war, günstig empfangen. Innerhalb weniger Monate nahm Ethelbert der Form nach das Christentum an. Und Augustin ging nach Arles, um zum Erzbischof von Canterbury geweiht zu werden. 598 errichtete Augustin ein Kloster in Canterbury, das dem hl. Peter und dem hl. Paul geweiht wurde.

Augustin scheint ein Mann von etwas begrenzter Intelligenz und ebenso begrenzter spiritueller Fähigkeit gewesen zu sein. Er schrieb an Gregor und bat bei den kleinsten Dingen um Anweisung. Gregor hat ihm großzügig Gerichtsbefugnis (die große römische Macht) über ganz Britannien erteilt, obwohl sein eigentlicher Auftrag den heidnischen Sachsen galt. Augustin merkte, dass es außerhalb des Gebietes der Sachsen auch noch Christen gab. Und um 603 versuchte er mit der Hilfe Ethelberts, mit ihnen ein Abkommen zu erreichen. Beda gibt uns einen Bericht über das, was an dem vereinbarten Treffpunkt passierte. Wahrscheinlich war das in Aust an dem Südufer des Flusses Severn, wo jetzt die Severnbrücke nach Wales geht. Ehe die Brücke gebaut war, gab es dort an diesem Ort seit einigen tausend Jahren eine Fähre. Die britischen Bischöfe überquerten den Fluss in ihren coracles, um sich mit Augustin zu treffen. Wie er waren sie Mönche, allerdings aus einer völlig anderen Tradition. Beda erzählt uns, dass es sieben Bischöfe gab, nicht territoriale Bischöfe nach römischem Modell, sondern klösterliche, dazu viele Gelehrte, die hauptsächlich von dem Kloster von Bangor im Norden Wales kamen. Dieses Kloster, so informiert uns Beda, war ein riesiger Ort, in sieben Sektionen eingeteilt, jede unter ihrem eigenen Abt, mit je 300 Mönchen. Alle versorgten sich durch manuelle Arbeit. Vor dem Treffen hatten sie einen weisen und besonnenen Eremiten zu Rate gezogen mit der Frage, was sie tun sollten. Er sagte ihnen, wenn Augustin aufsteht, um sie zu begrüßen, wenn sie sich treffen, dann ist er ein Diener Christi, und sie würden zu einer Übereinkunft mit ihm gelangen. Aber Augustin blieb sitzen, und sie begriffen richtig, dass er sie beherrschen wollte. So gingen sie davon, ohne eine Vereinbarung getroffen zu haben.[10]

Diese Geschichte zeigt die Konfrontation zweier monastischer Traditionen. Für Beda, dem großen Romanhänger, war natürlich die britische Kirche heilig, aber im Irrtum. Man trug dort die falsche Art Tonsur (die britischen Mönche rasierten ihre Stirn, wie das die Druiden-Priester vor ihnen taten). Ebenso völlig irrig war man, was das richtige Datum für Ostern anbelangt. Dass die Romanhänger schließlich bei der Synode von Whitby 664 diesen Streit gewannen, war unvermeidlich. Colman, der Bischof von Lindisfarne, dem großen keltischen Klosterzentrum, kehrte traurig in seine Heimat Irland zurück (er war ursprünglich ein Mönch von Iona und hatte sich bei der Synode auf die Autorität des hl. Columba berufen). Aber es dauerte noch einige hundert Jahre, bis die keltische Kirche endgültig besiegt war, und der Glaube der alten keltischen Gebiete hat immer noch einen sehr anderen Stil als der in den Gebieten, die durch die Römer kolonisiert waren.

Die Sachsen wurden, einmal bekehrt, zu begeisterten Befürwortern benediktinischen Ordenslebens und bauten große Abteien, an Orten wie Shaftesbury und Malmesbury. Malmesbury ist interessanterweise von Maeldubh, einem irischen Eremiten gegründet worden. Aldhelm, sein Schüler, wurde 705 Bischof von Sherborne und ein Verfechter des neuen Stils der Kirchenleitung. Aber wie wir sehen werden, war der Lebensstil des Einsiedlers nicht so leicht zu unterdrücken.

Anmerkungen

1. Augustinus, Bekenntnisse (Confessiones), a.a.O., 8. Buch, 6.
2. Sulpicius Severus, Vita sancti Martini, Das Leben des heiligen Martin, a.a.O.
3. Die Regel des Hl. Benedikt, a.a.O., 1.
4. ebd., Prolog, 45
5. Beda, Hist. Eccl., Kirchengeschichte des englischen Volkes, a.a.O., I.7.
6. E. G. Bowen, Saints, Seaways and Settlements, a.a.O., p. 14.
7. E. Duckett, The wandering saints, a.a.O., pp. 23-27.
8. Die Regel des Hl. Benedikt, a.a.O., 73.
9. ebd., 58.
10. Beda, Hist. Eccl., Kirchengeschichte des englischen Volkes, a.a.O., II.2.
    Die Geschichte wäre möglicherweise ganz anders ver-laufen, wenn Augustin das diplomatische Geschick und das biblische Bewusstsein von Papst Johannes XXIII. besessen hätte, der etwa 14 Jahrhunderte später die Repräsentanten anderer Kirchen mit den Worten: „Erblickt Joseph, euren Bruder" umarmen sollte. EB

Kapitel 7

Institutionen und Eremiten

Für eine wachsende und prosperierende Gesellschaft erwies sich das benediktinische Klosterleben als perfekte religiöse Stütze. So sahen es die Sachsen und später auch die Normannen. Kirche und Staat gingen Hand in Hand. So taten sie es 1000 Jahre lang, bis die Reformation das Machtverhältnis umverteilte. Vom demographischen Standpunkt aus war das mönchische Leben ein Instrument sozialer Kontrolle. Der Bevölkerungszuwachs wurde niedrig gehalten. Für viele, die sonst nicht versorgt wären, stand ein Leben der besonderen Art offen. Für wissenschaftlich Talentierte eröffnete es die Möglichkeit, sich zu profilieren. Für den Überschuss an adligen Damen stellte es in der Rolle der Äbtissin eine ihrem Rang entsprechende Position und eine Gelegenheit zur Verfügung, Macht auszuüben. Für sie und für andere Frauen war es eine Alternative zu der einzigen Rolle, die die Gesellschaft damals anbot, die der Ehefrau und Mutter. Für viele Frauen eröffnete es die Möglichkeit eines gebildeten und kultivierten Lebens, das sonst nicht realisierbar war. Eine weitere wichtige Rolle der Klöster war, für die Armen der Gesellschaft zu sorgen.

Das monastische Leben wurde innerhalb des feudalen Systems mit seinem ausführlichen Netzwerk der gegenseitigen Verpflichtungen als eine alternative Gesellschaft etabliert. Sowohl Äbte als auch Bischöfe waren feudale Herren und stammten aus den herrschenden Klassen. Als feudale Herren wurde von ihnen erwartet, dass sie in Kriegszeiten für kämpfende Männer sorgten, und oft hatten die Bischöfe ihre Truppen selbst in die Schlacht zu führen. Die Mönche waren der betende Teil der Gesellschaft. Diesen

Dienst versahen sie stellvertretend für andere. Das benediktinische opus dei, das unaufhörliche Chorgebet des Offiziums, dauerte Nacht und Tag an, während andere Leute mit alltäglichen Dingen befasst waren. Die benediktinische Betonung lag eher auf dem Leben der Familie, dass sie in Frieden und Harmonie lebt, als auf individuellem Streben. Körperliche strenge Entbehrung und eremitisches Leben waren praktisch ausrangiert.

Trotz alledem gab es einige benediktinische Einsiedler, die mit Worten Benedikts „nicht in dem ersten Eifer des religiösen Lebens, sondern nach langer Bewährung im Kloster mit der Hilfe und Erfahrung vieler gelernt haben, gegen den Teufel zu kämpfen. Sie schreiten gut bewaffnet von den Mannschaften ihrer Brüder weg hin zum Einzelkämpferdasein der Wüste voran und können nun ohne Unterstützung der Anderen dank ihrer eigenen Stärke kämpfen. Gott hilft ihnen gegen die Laster des Fleisches und ihre bösen Gedanken."[1] Viele benediktinische Klöster in verschiedenen Teilen Europas hatten Gruppen von Einsiedlern, die ihnen angeschlossen waren, so auf dem Montserrat in Spanien. Sogar Iona, das seit 1203 unter benediktinischer Regel war, setzte die eremitische Tradition, die zuerst von Columba 563 eingeführt wurde, fort. Diese Einsiedler beteten das Officium in Solidarität mit ihren Brüdern, wenn die Glocke läutete, allein in ihren Zellen. Verschiedene kleine Gemeinden von Eremiten wie die von Fonte Avellana unter Peter Damian (1007-1072), dessen Regel ein Versuch war, die Strenge der ägyptischen Wüste wiederherzustellen, fielen schließlich wieder zurück und wurden rein koinobitisch. Die italienischen benediktinischen Gemeinden von Olivetanern und Silvestrinern, die im 13. Jahrhundert gegründet wurden, betonten wieder die ursprüngliche Einsiedlernatur des mönchischen Lebens. Innerhalb des koinobitischen Lebensstils überlebte diese Vokation zur Einsamkeit von Zeit zu Zeit in der Betonung der Kapuze oder im absoluten Schweigen der Trappisten, wird aber heute nicht mehr eingehalten. Allerdings ist die benediktinische Regel für Koinobiten konzipiert, nicht für Einsiedler, deren Traditionen ganz andere sind.

Die Zisterzienser, die als Gemeinschaft von Eremiten begannen, als sie der benediktinischen Regel im Wald von Molesmes im späten 11. Jahrhundert folgten, entschlossen sich zur Einsamkeit. Sie zogen sich an unbewohnte Orte zurück, weitab von Städten. Dort stellten sie Benedikts ursprüngliche Betonung manueller Arbeit und des einfachen Lebens wieder her. Der Orden hatte besonderen Erfolg in Wales. Seine Art kam der keltischen Liebe zur Natur und wilder Orte entgegen, nicht aber etwa der Benediktinismus, der mit städtischer Betonung ganz und gar englisch war und mit den verhassten fremden Eindringlingen assoziiert wurde.[2]

Das Leben war koinobitisch, und wenn auch die Einsamkeit in ihren Lebensstil eingepasst war, so wurden Einzelne davon abgehalten, Eremiten zu werden. Gegen diese Tradition hat sich Thomas Merton vehement eingesetzt.

Der hl. Romuald († 1027), der Gründer der Kamaldulenser, verbrachte fast sein ganzes Leben als wandernder Eremit. Er fing als Benediktiner an, aber nach drei Jahren ging er weg und stellte sich unter die Leitung eines Eremiten. Drei weitere kamen noch zu ihnen. Nach einigen Jahren des Wanderns wurde ihm Land in der Toskana angeboten, wo sich ihm fünf andere anschlossen. Das Leben, das sie sich dort einrichteten, war semi-eremitisch. Die Mönche lebten in einzelnen Zellen und trafen sich in der Kirche zum Heiligen Officium. Nach zwei Jahren setzte der hl. Romuald seine Reisen ein weiteres Mal fort. Er unterbrach sie und gründete in Sitria, in der Nähe von Sassoferrato, noch eine strenge monastische Siedlung, bevor er sich wieder auf den Weg machte. Aber gegen Ende des 15. Jahrhunderts haben die Klöster des Kamaldulenserordens alle bis auf eines das Einsiedlerleben aufgegeben. Das geschah als die Reformen von Paolo Giustiniani zu einer neuen Eremitengemeinde führten, die sich die Gesellschaft vom hl. Romuald nannte.

Das Experiment, das in dem institutionellen Einsiedlerleben am längsten hielt, war das der Kartäuser, die vom hl. Bruno (1030-1101) gegründet wurden.[3] Seine ursprüngliche Gründung der La Grande Chartreuse, die heute ein Halt auf der Touristenroute ist, war damals ohne Zugang und abgelegen, weit weg von jedem Einfluss städtischen Lebens. An diesem einsamen und stillen Ort, wo etwa sechs Monate des Jahres Schnee liegt, bauten Bruno und seine kleine Gruppe von Einsiedlern ihre hölzernen Hütten, eine Hütte für zwei Männer, und ihre winzig kleine Kapelle. Dort lebten sie das Leben der ägyptischen Wüste im Schweigen, Lesen, Gebet und manueller Arbeit. Der hl. Bruno zeichnete in wahrer eremitischer Tradition nie eine schriftliche Regel auf. Er hatte keine Absicht, im Sinne des Kanonischen Rechts einen Orden zu gründen. Einige Jahre nach seinem Tod bezeichneten sich seine Nachfolger im Briefkopf eines Briefes an die Mönche von Cluny als „die armen Männer Christi, die in der Wüste der Chartreuse wohnen, aus Liebe zum Namen Jesu."

Der spätere Lebensstil der Kartäuser hat diesen Geist noch beibehalten. Die Zelle des modernen Kartäusers ist ein Häuschen mit eigenem Eingang, wo alle Aktivitäten ausgeführt werden und wo man allein isst. Nur sonntags und an großen Feiertagen isst die Gemeinschaft zusammen im Refektorium. Zu bestimmten Stunden beim Ertönen einer Glocke wird das Göttliche Officium von jedem Mönch in seiner Zelle allein rezitiert. Das Nachtofficium wird in der Kirche gesungen, ebenso wird die Messe am folgenden Morgen gemeinsam gefeiert. Einmal in der Woche unternimmt die ganze Gemeinschaft zusammen einen Spaziergang außerhalb der Klosterklausur.

Die erste Gründung der Kartäuser in England[4] wurde in Witham in den Mendips 1175-6 von Henri II veranlasst. Er setzte Hugh, den späteren Bischof von Lincoln, als ihren Prior ein. Im Mittelalter wurden neun Kartäuserklöster in England gegründet. Im 15. Jahrhundert erreichten die Kartäuserklöster in Europa ihre höchste Zahl von 190. Kartäusische Nonnen gab es auch. Sie wurden im Mittelalter ziemlich zahlreich.

Schon im 3. Jahrhundert, so sagt die Tradition, gab es christliche Eremiten auf dem Berg Karmel.[5] Das ist eine Bergkette, die von Nordwest nach Südost in Nord Palästina verläuft. Die Höhle des Propheten Elija wird hier immer noch verehrt. Es gibt eine lange Tradition von Eremiten, die etwa 900 Jahre vor der christlichen Zeit zurückreicht. Man lebte in den vielen Höhlen in den Bergen. Spät im 12. Jahrhundert waren die christlichen Eremiten in mittelalterlicher Art organisiert und mit einer Regel versehen. Nach dem Fall Jerusalems 1187 stieg die Zahl der Eremiten beträchtlich, aber das Land wurde immer gefährlicher für Christen. Einige Eremiten verließen den Berg und ließen sich in Frankreich nieder, und bald danach kamen einige nach England, wo sie in der Nähe von Cambridge blieben. Das ursprüngliche eremitische Leben wurde bald für ein koinobitisches Leben aufgegeben, Anfang des 15. Jahrhunderts wurden die ersten Konvente karmelitischer Nonnen gegründet. Innerhalb von 100 Jahren breitete sich der Orden über ganz Europa aus und wurde insbesondere in Spanien verwurzelt. Die ursprüngliche Regel war weitgehend aufgegeben, als die hl. Teresa und der hl. Johannes vom Kreuz ihre Reformen begannen. Ihr erstes Haus wurde 1568 eröffnet. Die Konstitutionen, die von der hl. Teresa selbst auf Grund eines Auftrags, den ihr Papst Pius IV. 1565 erteilt hat, aufgezeichnet waren, wurden endgültig 1581 bestätigt.

In diesen Konstitutionen war besonders auf den kontemplativen Charakter des Ordens Wert gelegt worden. So wurden Eremitagen errichtet, in die sich die Brüder zurückziehen konnten, „wie es der Gewohnheit unserer heiligen Väter entspricht." Aber es kam eine gewisse Teilung im Orden auf, denn seit der Ankunft in Europa war die karmellitische Vokation die der Missionsarbeit geworden. Die hl. Therese von Lisieux, eine spätere karmelitische Heilige, wird als Schutzpatronin der Missionen gesehen. Diejenigen, die in Eremitagen lebten, gaben für ein kontemplatives Leben die Missionsarbeit auf. Die Teilung wurde dadurch überwunden, dass „Wüsten"-Konvente entstanden, wohin Mitglieder des Ordens sich von Zeit zu Zeit zurückziehen konnten, um ein Einsiedlerleben zu leben. Die normale Aufenthaltszeit sollte ein Jahr sein. Viele Brüder kehrten nach vier oder fünf Jahren aktiver Missionsarbeit zurück zur Wüste. Die typische Wüstenkommunität bestand aus ungefähr 20 Mitgliedern. Sie wurde von einem Prior geleitet, der fähig war, den Mitgliedern geistliche Anweisungen und Hilfe zu erteilen. Die Eremiten lebten in einzelnen Zellen in Armut und Einfachheit, aßen zusammen und trafen sich in der Kirche zum üblichen Officium. Zusätzlich zum Hauptgebäude gab es eine Anzahl einzelner Eremitagen in den Wäldern, wie bei der Hl.-Teresa-Reform niedergelegt war. Sie bestanden aus zwei bis drei Räumen und einer Kapelle und waren von einer Mauer umgeben. Hin und wieder zogen sich die Insassen des Hauptgebäudes in eine dieser Eremitagen für eine bestimmte Zeitspanne zurück. Jeder Bruder nahm genug Essen mit sich, das für eine Woche ausreichen sollte. Er musste derselben Regel des Lebens wie im Hauptkonvent folgen. Er musste seine Glocke als Antwort auf die Hauptglocke läuten und das Officium zur gleichen Zeit rezitieren. Von Zeit zu Zeit besuchte der Prior die Einsiedler in ihren Zellen.

Die Karmeliten werden Brüder oder Bettler genannt. Diese Bezeichnung gilt ebenso den Franziskanern[6] und den Dominikanern. Anders als bei Mönchen gilt ihre Loyalität eher ihrem Orden als einem spezifischen Ort. Das heißt, dass sie herumreisen können, wenn es ihre Arbeit verlangt. Das Wanderleben, wie wir gesehen haben, wurde sehr früh von gewissen Gruppen angenommen, die danach strebten, sich von ihren Familien und ihrem Geburtsort zu trennen. Die Annahme der Armut des hl. Franziskus von Assisi war Ausdruck, sich von allem Besitz und aller Art Bindung zu trennen. Die frühen Nachfolger von Franziskus hatten keine feste Bleibe. Sie wanderten umher und predigten und verbrachten die Nacht in Heuhaufen oder unter Kirchenportalen. Damit folgten sie dem, der nirgendwo seinen Kopf hinlegen konnte (Mt 8,20). Hier und da gründeten sie kleine Eremitagen oder Einsiedeleien, wo sie sich zur Ruhe und zum Gebet zurückziehen konnten. Der hl. Franziskus schwankte zwischen dem Leben eines Eremiten und dem eines Wanderpredigers. Nach dem Tod von Franziskus teilte sich der gerade entstandene Orden leider in zwei auf. Die einen wollten an der ursprünglichen Disziplin festhalten, und die anderen wollten Besitz und bauten große Klöster in Städten und großartige Kirchen wie die Basilika San Francesco in Assisi. Etwa 300 Jahre später versuchte die Kapuzinerreform, das eremitische Leben wiederherzustellen. Die ersten Eremiten lebten in strikter Armut in Laubhütten. Sie schliefen auf der Erde, trugen Habits aus äußerst grobem Material und gingen selbst im Winter barfuß. Aber es dauerte nicht lange und die Einsiedelei war aufgegeben, und die Brüder siedelten sich in oder in der Nähe großer Städte an, wo man Almosen bereitwilliger erhielt. Sie behielten noch viel ihrer ursprünglichen Strenge und führten ein aktives Leben der Missionsarbeit und des Predigens. Außerdem gab es viele Mitglieder des 3.Ordens vom hl. Franziskus, die ein Leben der Einsamkeit annahmen. Der bekannteste von ihnen ist vielleicht Ramon Llull (1232-1315), Dichter, Philosoph und Apostel bei den Muslimen.

Die Dominikaner waren auch ein Predigerorden mit kontemplativer Basis. Der hl. Dominik, ein Zeitgenosse des hl. Franziskus, verbrachte selbst lange Zeiten allein im Gebet. Es hat dominikanische Einsiedler gegeben, besonders unter den Tertiaren. Die hl. Katharina von Siena war eine von ihnen. Sie verbrachte drei Jahre in Einsamkeit und Schweigen, ehe sie ein aktives Apostolat begann. Eine andere Einsiedlerin war die hl. Rose von Lima. Es gab viele andere Eremitengemeinden. Sie lebten ein semi-eremitisches Leben, das durch entsprechendes kanonisches Recht definiert und durch eine anerkannte Regel geleitet wurde. Der Lebensstil des Eremiten ist von der institutionellen Kirche immer als eine Bedrohung der guten Ordnung und des legitimierten Besitzes von Eigentum gesehen worden. Solch ein un-abwägbarer Lebensstil muss strikt reguliert und unter zentrale Kontrolle gebracht werden. Aber seit fast 2000 Jahren hat es solche Christen, die zu einem einsamen Leben berufen waren, gegeben. Sie lebten in einer Art, die offiziellen Vorschriften nicht unterstellt war, ein individuelles Leben der Hingabe und Heiligkeit, verborgen und unbekannt. Diese unsichtbaren Geister waren vom normalen Volk anerkannt, oft aber nicht von den offiziellen Dienststellen der Kirche. Diese Leute fühlten sich berufen, in Einsamkeit zu leben, nicht in erster Linie irgendeiner Form offiziell anerkannten religiösen Lebens beizutreten. Dieser Ruf zur Einsamkeit mag ursprünglich die monastische Vokation gewesen sein, ehe die äußere Form der mittelalterlichen Idee von den „Ständen des Lebens" aufkam.

Vor der Reformation war solch ein Lebensstil weit verbreitet. Das beweisen allein in England mindestens 1000 bekannte Zellen, und es sind die genauen Namen von über 650

Anchoriten und Eremiten entdeckt worden.[7] Das war eine wirkliche Wiederbelebung des alten keltischen eremitischen Lebensstils, ehe man das Leben in Städten angenommen hatte. Giraldus Cambrensis beschrieb das folgendermaßen: „Sie leben nicht in Städten, Dörfern oder Burgen, sondern führen eine Existenz der Einsamkeit tief in den Wäldern."[8] Solche Eremiten und Anchoriten waren einfache Laien, Männer wie Frauen, und sie wurden als ein Teil der mittelalterlichen Gesellschaft voll anerkannt, ohne dass sie irgendwie als komisch betrachtet wurden. Als Laien wurden sie nicht durch das kanonische Recht reguliert. Sie verdienten ihren Lebensunterhalt, indem sie Straßen und Brücken in Ordnung hielten oder Leuchttürme warteten. Sie räumten Abfall weg und verrichteten irgendwelche anderen öffentlichen Arbeiten. Oder sie predigten und lehrten und passten auf Kapellen auf. Selbst in Städten gab es Eremiten; in London lebte ein berühmter Eremit im Tower of London und ein anderer in London Wall.

Im 12. Jahrhundert gab es ein Aufblühen im eremitischen Leben, möglicherweise als Reaktion auf die gesteigerte Formalisierung und Regulierung des monastischen Lebens. Viele Eremiten gingen in die Wälder, die in jenen Tagen noch das meiste Land bedeckten. In Russland hat sich dieser Lebensstil in der Taiga oder im Urwald bis in die moderne Zeit gehalten.[9] Solche Eremiten verehrte man sehr; im Liber Vitae der Durham Cathedral waren „Anker" höher als Äbte und andere kirchliche Würdenträger bewertet. Wir wissen die Namen von einigen der Berühmtesten: Godrie of Finchale, ein ehemaliger Seeräuber, Christina of Markyate, Wulfric of Haselbury, Richard Rolle, der Eremit von Hampole, der von Zuhause weglief, um Eremit zu sein, wie andere, um zur See zu fahren. Er bat zwei seiner Schwestern um ihre Kleider, um sich daraus einen Eremitenhabit zu machen.[10] Solch ein Habit war ein notwendiges Zeichen, wollte man besondere Genehmigungsverfahren vermeiden. Ohne Zweifel gab es auch einige Gauner und Vagabunden, die den Habit dazu benutzten, sich mit Almosen zu versorgen.

Die Anchoriten, deren Name sich von dem griechischen Wort anachoretes (die sich absondern) ableitet,[11] waren eine autorisierte Kategorie. Sowohl Männer als auch Frauen waren Anchoriten. Im Mittelalter war es ein Statussymbol, einen „Anker" in seiner Kirche zu haben, etwa so wie heute einen BMW in der Garage. Viele Kirchen tragen noch Spuren von solcher Besetzung, manchmal für das bloße Auge kaum sichtbar in der Außenwand. Freilich sind durch nachfolgende Umbauten viele solcher Hinweise entfernt worden. Ankerhäuser waren gewöhnlich im Kirchhof direkt an die Wand der Kirche gebaut, manchmal in Stein, dann haben sie vielleicht überlebt. Andere waren Konstruktionen aus Holz und Gipsputz und somit von geringer Dauer. Manchmal gab es zusätzlich einen Hof oder eingezäunten Garten.

„Reklusen wohnen unter dem Dach der Kirche," sagt das Ancrene Wisse, eine Abhandlung aus dem frühen 13. Jahrhundert, „weil sie verstehen, dass sie ein so heiliges Leben führen sollten, dass die ganze Heilige Kirche, also die Christen sich auf sie stützen und ihnen vertrauen können, während die Reklusen ihrerseits mit ihrem heiligen Leben und ihren gesegneten Gebeten die Kirche aufrechterhalten. Deswegen wird eine Anchoress (Ankerfrau) genannt. Sie ist unter einer Kirche verankert wie ein Anker unter einem Schiff, um das Schiff zu halten, sodass Wellen und Stürme es nicht umkippen."[12] Das Leben des Anchorits oder des Reklusen war äußerst fordernd, eine freiwillige Kerkerhaft oder lebendiger Tod. Mit den Erfahrungen der Geiseln aus dem Mittleren Osten- noch frisch in unseren Köpfen - wollen wir höchstwahrscheinlich den verschlossenen Raum negativ beurteilen. Aber mit der Betonung der menschlichen Natur Christi, die im 12. Jahrhundert aufkam, wurde solch ein

Lebensstil als Teilhabe an den Leiden Christi am Kreuz gesehen: „Alles was ihr jemals durchmacht ist Buße", sagt das Ancrene Wisse, „richtig harte Buße, liebe Schwestern. Alles Gute, was ihr jemals tut, alles was ihr erleidet, ist für euch Martyrium in härtester Weise, denn Nacht und Tag seid ihr oben an Gottes Kreuz."[13]

Es war ein Leben ebenso heroisch wie das der frühen Asketen der Wüste. Einige, die diesen Lebensstil wählten, waren Ordensleute, die tiefere Abgeschiedenheit suchten, aber die meisten waren normale Laien. Es war nicht etwas, das einfach aus exzentrischer Unreife geboren wurde, denn man konnte 40 Jahre oder mehr in einer solchen Abgeschiedenheit verbringen. Julian of Norwich,[14] vielleicht die heute weitbekannteste mittelalterliche Rekluse, machte das. Anders als die Eremiten, die vielleicht eine offizielle Zustimmung zu ihrem Leben hatten oder nicht, wurde der Anchorit offiziell mit einem speziellen Ritus durch den örtlichen Bischof eingeschlossen.[15] Eine Frau, die allein ohne Schutz eines Mannes lebte, musste offiziellen Status und den Schutz der Kirche erhalten. Voraus ging eine sorgfältige Untersuchung ihres Charakters und ihres Unterhalts. Manchmal war der durch ihre eigenen Ressourcen gewährleistet, aber oft durch einen örtlichen Grundbesitzer, der sich auf diese Weise Verdienst erwarb. Ein Ordensmann musste die Unterstützung seiner Kommunität haben.

Die früheste vollständige Anweisung zum anchoritischen Lebensstil war jene von Aelred von Rievaulx (1109-1167).[16] Er schrieb sie für seine Schwester, die schon seit einigen Jahren ein Anker war. Diese Anweisung ist besonders interessant, weil sie in ihrer Gelehrtenart auf den Väterschriften fußte. Außerdem baute sie auf Traditionen monastischer Einsamkeit auf, die ganz anders waren als die benediktinische Regel, der Aelred wohl gefolgt sein musste. „De Institutione Inclusarum" war in Latein geschrieben. Wir wissen aber nicht, ob seine Schwester sie selbst lesen konnte. In jener Zeit waren die meisten Frauen „Analphabeten", das heißt, sie konnten kein Latein, waren aber möglicherweise in der Lage, in ihrer eigenen Sprache zu lesen und zu schreiben. Etwa 50 Jahre später erschien dann Ancrene Wisse (ganz allgemein übersetzt mit: Wie man ein Anker ist). Dieses Werk bezieht sich auf Aelred. Geschrieben ist es in Mundart, speziell für Frauen, genauer drei Schwestern, die wohl zusammen in Herefordshire lebten. Dieses brillante Werk über spirituelle und praktische Führung gibt ein bemerkenswert klares Bild des Lebens einer Rekluse im 13. Jahrhundert.

Die Wohnung bestand aus drei Räumen. Der Hauptraum war die Zelle. Sie enthielt einen Altar, ein Bett und andere Möbelstücke. Der Altar war mit einem weißen Leinentuch bedeckt und trug ein Kruzifix. Es gab drei Fenster. Sie waren der einzige Kontakt der Rekluse mit der Welt draußen. Eins war zur Kirche ausgerichtet, eins zum Inneren des Hauses und eins zum Wohnzimmer. Das Wohnzimmerfenster war normalerweise mit Fensterläden und einem Vorhang aus schwarzem Tuch mit einem weißen Kreuz darauf ge-schlossen. Durch diesen Vorhang konnte sie sich mit demjenigen unterhalten, der ihren Rat suchte, und mit ihrem Beichtvater und geistlichen Leiter. Durch das dritte Fenster konnte sie mit ihren Dienerinnen reden. Sie sollte zwei Mägde haben, die eine sollte immer im Haus bleiben, während die andere wenn nötig hinausgehen konnte. Die Anchoress sollte kein Vieh oder andere Tiere halten, um ihr Herz nicht nach draußen zu richten. Eine Katze war die Ausnahme, in jener Zeit eine Notwendigkeit, um die Ratten und Mäuse in Schach zu halten, aber ohne Zweifel auch eine willkommene Gefährtin.

Das Ancrene Wisse enthält viele Warnungen vor „Anchoresses mit verstohlenem Blick". Das sind die, die ihre Fenster zu sehr lieben, die ihre Aufmerksamkeit äußeren

Dingen eher zuwenden als dem inneren Leben des Gebets, wozu sie sich verpflichtet haben. Solch ein Leben mit seiner Sinneseinengung und seinem Mangel an Bewegung und frischer Luft scheint eine Kerkerhaft zu sein. Aber es war ein freiwilliges Leben. Weil man die Zelle für nötig erachtete, nahm man das Gefängnis in Kauf. Man muss nicht meinen, solch ein Leben sei eine Besonderheit der mittelalterlichen Vergangenheit. Es mag uns als eine Überraschung vorkommen, wenn wir feststellen, dass es auch heute Leute gibt, die ein Leben völliger Abgeschiedenheit leben.[17] Das geschieht nicht im Kirchengebäude, aber im Kontext einer Ordensgemeinschaft, die für die notwendigen Dinge zum Leben sorgen kann. Es ist freilich ein Leben voller Abhängigkeit von anderen. So haben viele moderne Einsame das Gefühl, dass diese Abhängigkeit eher die Strukturen der mittelalterlichen Gesellschaft widerspiegelt, als dass sie zu uns heute passt. Diejenigen, die einer Vokation zur Einsamkeit heute folgen, sollten wahrscheinlich eher dem alten monastischen Beispiel, für seinen Lebensunterhalt selbst zu sorgen, folgen: die Mönche der Wüste webten Matten und flochten Körbe und verkauften sie auf dem Marktplatz.

Mit den religiösen Umwälzungen des 16. Jahrhunderts kam das monastische Leben in England an sein Ende, und mit ihm das anerkannte eremitische Leben. Es gab noch Einsiedler, aber eine sichtbare Präsenz in der Gesellschaft hatten sie nicht mehr.

Doch die Tradition des Einsiedlerlebens blieb noch in Erinnerung. Dr. Johnson[18] sagte: „Ich las nie von einem Eremiten, aber in der Fantasie küsse ich seine Füße."

Anmerkungen

1.   Die Regel des Hl. Benedikt, a.a.O., 1., 3-5

2. D. H. Williams, The Welsh Cistercians, a.a.O.
3. W. Bösen, Auf einsamer Straße zu Gott,
   Das Geheimnis der Kartäuser, a.a.O.
4. E. M. Thompson, The Carthusian Order in England,
   a.a.O.
5. G. Benker, Die Gemeinschaften des Karmel, a.a.O.,
   K. Waaijman, Der mystische Raum des Karmels, a.a.O.,
   G. Greshake, „Elijanische" Wüstenspiritualität des
   Karmel, a.a.O.
6. L. Iriarte, Der Franziskusorden, a.a.O.
7. R. M. Clay, Hermits and Anchorites of England, a.a.O.
8. G. Cambrensis, Desriptio Kambrae, 1.,17.
9. I. Smolitsch, Leben und Lehre der Starzen, a.a.O.
10. R. Rolle, a.a.O., Introduction
11. Vgl. Kap. 4, Anmerkung 1. Die engl. Worte anchorit m.,
    anchoress f., anchorites pl., anchresses pl. entsprechen
    ihrem Sinn nach dem dtsch. Begriff Anachoret, aber
    weisen darüber hinaus auf die Bedeutung von anchor
    (Anker). Die Anchoriten sind also für engl. Ohren
    doppeldeutig (absondern und ankern). WAL
12. Ancrene Wisse, a.a.O., Part 3, 13.
13. ebd., Part 6,1.
14. Julian of Norwich, a.a.O., Introduction
15. J. Krasenbrink, Bei lebendigem Leib „begraben", in:
    Hildegard und Bingen, a.a.O., S.14 f
16. Aelred of Rievaulx, De Institutione Inclusarum, a.a.O.
17. Freddy Derwahl, Eremiten, a.a.O., S. 183-197
18. Samuel Johnson, (1709-1784), hervorragender engli-
    scher Literat

Teil 3

Die christliche Einsamkeit

Kapitel 8

Die christliche Einsamkeit: eine neue Berufung?

In den letzten zwei oder drei Kapiteln hatten wir einen kurzen Blick auf die Anfänge von 2000 Jahren christlich monastischer Geschichte. Monastische Bewegungen kommen und vergehen, aber die Lebensmuster bleiben bemerkenswert konstant, wie die Spannung zwischen Einsamkeit und der Notwendigkeit, die Lebensart weiterzugeben, die diejenigen als fruchtbar erkannten, die den besonderen Weg gingen. Immer gibt es Charismatiker, die berufen sind bestehende Muster zu reformieren und zu erneuern. Das sind nicht so sehr Leute, die von Lust und Talent zur Neugestaltung ergriffen sind, obwohl sie dieses Talent möglicherweise haben, als vielmehr von einer frischen Vision, was es mit monastischem Leben auf sich hat.

Monastisches Leben hat viele Formen angenommen und ist mit vielen anderen Aktivitäten verbunden, wie mit Philosophie, Lehre, wissenschaftlicher Forschung, Dichtung, Malen und anderem, wofür das Leben eher den Rahmen bildete als einen Anreiz. Es lieferte denen, die diese Bestrebungen wählten, eine stabile Basis. Aber heutzutage befindet sich monastisches Leben wie viele andere Institutionen der Gesellschaft in offensichtlichem Niedergang. Darum wird nicht etwa jemand, der von monastischer Geschichte eine Ahnung hat, sie gänzlich abschreiben als etwas das zur mittelalterlichen Vergangenheit gehört, sondern er weiß, dass sich eine plötzliche Schicksalswende jederzeit ereignen könnte. Als ein Zeugnis für einen anderen Lebensstil als den, der in unserer jetzigen Zeit allgemein akzeptiert ist, wird monastisches Leben eine Zukunft haben müssen.

Solches Leben bezeugt noch, wie sehr es sich von den Werten der Gesellschaft unterscheidet, indem es still seiner eigenen Tradition folgt.

Was verloren geht, sind die zufälligen Ablagerungen, die das monastische Leben im Laufe der Geschichte und besonders in der jüngsten Vergangenheit erworben hat. Die riesigen Gebäude, der Reichtum, die Sicherheit vor allen Eventualitäten von Armut und Heimatlosigkeit, was die Orden isoliert hat von dem Leben der Armen, die sich selbst täglich auf Gottes Vorsehung verlassen und mit denen sich die frühen Mönche noch identifizierten, durch wirtschaftlichen Druck ist das alles in Frage gestellt. Ebenso in Frage gestellt ist der Elitismus derjenigen, die privilegierte Plätze innerhalb der Kirche ergatterten. Das monastische Leben muss sich, um mit original prophetischer Stimme zu sprechen, von seinen Übereinkommen mit einer Gesellschaft lösen, die auf Macht, Privileg und Konsum der Ressourcen der Welt gegründet ist. Es muss die Unsicherheit wiederentdecken, die heute das Los der normalen arbeitenden Bevölkerung ist.

Solch eine Erneuerung kommt von unten, nicht etwa dadurch, seine Verluste abzuschreiben, in kleinere Gebäude umzuziehen und in „die Welt" auszuziehen. Das monastische Zeugnis ist Abhängigkeit von Gott allein, nicht etwa das Leben eines Jedermann mit ein paar zusätzlichen Gebeten. Ohne diese radikale und totale Abhängigkeit von Gott ist wahres monastisches Leben nicht möglich. Es ist diese Abhängigkeit, die das Getrenntsein des Mönches innerhalb der Gesellschaft markiert, nicht das Tragen eines Habits oder etwa das Leben an einem besonderen Ort.

Was den Mönch von anderen Gruppen, die einen hingebungsvollen Lebensstil suchen, abhebt, ist, dass das Ziel eines Mönches nicht die Bildung von „Gemeinschaft" ist, wie andere momentan ihr Ziel begreifen. Leben nach einer Regel ist Mittel, nicht Zweck. Mit anderen zu leben ist für den

Mönch ein asketisches Hilfsmittel auf dem Weg zu Gott allein, ein Mittel, die Abhängigkeit vom eigenen Willen und eigenen Wünschen zu verstehen und zu überwinden.

Was in den letzten Jahren passierte, als das monastische Leben als Institution verfiel, ist ein bemerkenswertes Wiederaufleben des Rufes zur Einsamkeit. Innerhalb der Klöster richtete man sich ein auf des hl. Benedikts „Mönche zweiter Klasse: solche sind nicht so sehr vom Eifer für mönchisches Leben erfasst; sie gehen fort aus den Reihen ihrer Brüder. Aber gut ausgerüstet sind sie nun für den Einzelkampf in der Wüste bereit."[1] Einige Männer und Frauen wandern aus und ziehen in Eremitagen verschiedener Art. Aber dieser Ruf zur Einsamkeit ereignet sich auch unter normalen Menschen, die ein normales Leben führen, oft ohne jegliche Verbindung zu monastischer Tradition. Oft sind solche Leute durch diesen merkwürdigen Impuls, Einsamkeit zu suchen, perplex, nicht nur allein zu sein, sondern in gewisser Weise auch von den Zielen und Werten der Gesellschaft getrennt zu sein, weil die nämlich geschmacklos und sinnlos geworden sind. Wie wir gesehen haben, ist dieser Ruf nichts Neues; man hat ihn zu mancher Zeit und manchenorts erfahren.[2] Aber es scheint, dass dieser Ruf heute von vielen stärker und stärker empfunden wird.

Bis jetzt ist die Idee der „Vokation" mit dem Ruf, etwas Spezielles zu sein, gleichgesetzt, etwa der Ruf zur Nonne oder zum Priester. Das Wort „Vokation" ist das Fremdwort für das deutsche Wort „Ruf", „Berufung". Allgemein gebraucht geht es davon aus, dass irgendwo draußen eine spezielle Nische vorbereitet ist, in die wir eintreten können, vorausgesetzt wir erfüllen die notwendigen Kriterien. Solch eine Sicht entspricht dem Konzept von Kirche als Institution, in die man eingebaut ist. Sie ist wie die Fassade der mittelalterlichen Kathedralen, die der Welt ein bestimmtes Gesicht präsentieren.

Die Kirchen der Reformation gaben die Idee auf, dass Vokation Auserwähltsein ist, und setzten an ihre Stelle die Idee, dass alle Christen auf Grund ihrer Taufe eine Berufung haben. Das ist eine Idee, die die alten Mönche nicht abgelehnt hätten, weil sie ihren Ruf ausgerichtet sahen auf die Vollkommenheit derer, die getauft sind, nicht aber auf einen besonderen Platz in der Gesellschaft. So wurden die Klöster geschlossen, ihre Insassen zerstreuten sich, ihre armen, finanziell Abhängigen überließen sich privater Wohltätigkeit. Das ist ein Prozess, der auch heute nicht ungewöhnlich ist, und Rigorimus wurde typisch für alle Puritaner, so zerstritten sie auch untereinander sein mögen.

Aber der Ruf, den so viele gewöhnliche Menschen heute fühlen, scheint sie in eine Richtung jenseits der Rolle eines kirchlichen Mitarbeiters zu weisen, hin auf etwas, das anspruchsvoller ist, wofür die institutionelle Kirche allerdings nichts anzubieten hat. So scheint es, abgesehen von einer Bestimmung im Römisch-Katholischen kanonischen Recht[3] für Laien, die entsprechend der Regel einschließlich des Zölibats leben. Ein Ruf, der jemandem kommt, der ein normales Leben lebt, mit klaren Verpflichtungen anderer gegenüber, die man nicht einfach aufgeben kann, kann ganz schön irritierend sein. Etwas wird verlangt, durch eine Stimme, die hartnäckig und fordernd ist. Aber was das genau ist, wird nicht klar.

Dies ist das Muster, das in der Bibel erscheint: Mose hütete gerade die Schafe seines Schwiegervaters in üblicher Weise auf den Hängen des Berges Horeb, als er einen Busch brennen sah (Ex 3,1-6). Als er herausfinden wollte, warum, hörte er seinen Namen rufen. Er antwortete: „Hier bin ich", und sein Ja führte ihn zu weiteren und immer weiteren Forderungen an ihn. So ist es mit den Propheten: Eine Forderung ist gestellt, auf die sie antworten. Ihnen wird kein besonderer Ort in der Gesellschaft angewiesen, sondern es wird eine Aufgabe gestellt, die sie zu erfüllen haben, eine Aufgabe, die sich allmählich entfalten wird.

Gottes Ruf kann zu jedem, zu jeder Zeit und unter allen Umständen kommen. Es ist nicht einfach, diesen Ruf und seine Auswirkungen auf das eigene Leben zu verstehen. Manchmal kann man nur stehen, wie Mose auf dem Berg Pisgah, und auf die Meilen Wüste zurückschauen, die man durchwandert hat. Der Ruf kommt nicht wie ein Geschenk eingewickelt und mit einem Etikett versehen, sondern in Fragmenten, eher wie ein Puzzle, das mühsam Stück für Stück zusammengesetzt werden soll; und es ist der Ruf, der mit der Zeit immer mehr von uns fordert. Es kann auf unserer Lebensreise ziemlich spät werden, bis man erkennt, wozu der Ruf wirklich ruft. Bis dahin mag der Ruf sich als bloße Leere, als Mangel anfühlen.

Der Ruf zur Einsamkeit ist die ursprüngliche monastische Vokation, ohne die historisch bedingten Begleiterscheinungen. Es mag als enorme Erleichterung erscheinen, wenn man entdeckt, dass dieser Ruf, der unser Leben in gewisser Weise aus den Fugen geraten lässt, der uns an die Kanten der Wüste zerrt, wo sich unbekannte Weiten ausbreiten, etwas ist, das viele in der Vergangenheit – ebenso wie heute – erfahren haben. Der Ruf gilt dem Namen, er ist persönlich und individuell, und nicht etwa bloß eine Angelegenheit, wie man irgendeine Nische findet, in die man hineinpasst. Die Antwort auf den Ruf ist ebenso persönlich und individuell; unsere Persönlichkeit, Bedürfnisse, unser Hintergrund werden unseren Pfad gestalten. Es ist als wenn man verliebt ist, wenn man eine Beziehung eingeht, die unserem Leben Sinn gibt. Wer weiß, wohin es führt?

Im Mittelalter war es gesellschaftlich selbstverständlich, dass manche solchen inneren Ruf erfahren konnten und sich aus der Gesellschaft zurückzogen, um einem Leben des Gebets zu folgen. Sie wurden nicht als ein bisschen komisch betrachtet, sondern als solche, die sich für die Sünden anderer einsetzen konnten. Sie lebten bescheiden, versorgten sich durch ihre eigene Arbeit und wahrscheinlich von Lebensmitteln, die ihnen gelegentlich von anderen angeboten wurden, die um ihren Rat und ihre Gebete baten. Welche Funktion erfüllt der Einsame in der Gesellschaft heute?

Der Einsame ist in erster Linie jemand ohne Nutzen. Das ist an sich bemerkenswert in einer Gesellschaft, wo jeder durch seinen Beruf oder seine besondere Aktivität eingestuft wird. Der Ruf eines Einsamen ist nicht, etwas Besonderes zu sein, etwa eine Art öffentliche Persona oder Maske zu haben. Es ist vielmehr so, Gott total verfügbar zu sein, ein verstecktes Leben der Einsamkeit zu leben. Es ist ein Ruf, die Einsamkeit, die zutiefst Gott innewohnt, zu teilen, die Tiefe des Mysteriums von Gottes Wesen. Die Welt lehnt diese Einsamkeit ab, diesen Gott, der ganz anders ist als Weltangelegenheiten. Sie mag den nicht, der uns jenseits jener Angelegenheiten in das göttliche Mysterium ruft. Selbst die Inkarnation ist ein unvorstellbares Geheimnis, so der Theologe Maximus der Bekenner (7. Jahrhundert): „Dadurch, dass Gott Fleisch angenommen hat, macht er sich in seiner Erscheinung nur noch unverständlicher. Er bleibt verborgen, sogar in dieser Enthüllung. Selbst wenn er sich zeigt, ist er immer der Fremde."[4]

Der Pfad des Einsamen ist in der Terminologie der östlichen Kirchen eher apophatisch als kataphatisch,[5] eher ein Eintreten in das Geheimnis als ihre Erklärung. Deswegen ist der Ruf zur Einsamkeit selbst geheimnisvoll, mit wenig äußerer Erscheinung. Der Einsame ist zu nichts anderem berufen als ein Fenster zu Gott zu sein. Ein eventuelles Amt, das ein Einsamer übernimmt, ist zufällig, nicht ein essenzieller Teil seines Lebens, ist ein Überfluss seines Gebetslebens. Es ist Gott allein, auf den der Einsame zentriert ist. Die Ausführungen der Wüstenabbasse, das Predigen der wandernden irischen Mönche und solcher Personen wie des hl. Franziskus, entspringen aus der Liebe zu Gott, in der sie verwurzelt waren. Die Äußerung des hl. Franziskus über „vollkommene Freude"[6] zeigt, dass für ihn Freude darin liegt, enteignet und ausgestoßen zu sein, und somit die Freude des Gekreuzigten zu teilen.

Das Missverständnis, das dem Einsamen zustößt, die Kritik derjenigen, die das christliche Leben als Evangelisation oder als Bildung von Gemeinschaft oder als andere partikulare Aktivität der Fürsorge und des Engagements ansehen, das muss still als Teil des Kreuzes akzeptiert werden. Das Leben des Einsamen ist im Wesentlichen ein verborgenes Leben, mit geringer Erscheinung nach außen. Der Zweck des Einsamen ist, im Brennpunkt von Gottes Liebe zu sein, und es ist Gott, der das Leben des Einsamen formt und leitet. Der wiederum muss in totaler Abhängigkeit von Gott, ohne Angst leben. Um das zu tun, muss er lernen, Nein zu sagen zu den vielen Forderungen anderer, was Zeit, Kraft und Verpflichtung angeht; und vor allem muss er lernen, sein Leben zu vereinfachen.

Bei dieser Vereinfachung geht es darum, Entscheidungen zu fällen: hier lang und nicht dorthin. Entscheidungen aber haben eine gewisse Unvermeidlichkeit an sich. Gewisse Opfer müssen gebracht und eine Wahl muss getroffen werden. Es ist wie das Beschneiden eines Baumes; damit der Baum gute Früchte trägt, müssen die Zweige beschnitten werden. Aber es ist nicht nur totes und verfaultes Holz, das wegmuss, sondern auch gute verheißungsvolle Triebe, voller Möglichkeiten. Es geht darum, die Prioritäten in seinem Leben zu setzen. Für den Einsamen ist es Gott allein.

Einsamkeit ist nicht Isolation. Es gibt freilich jene, die die Isolation wählen, um sich von der Gesellschaft zu trennen. Manchmal sind es solche, die durch das Leben verwundet wurden, manchmal sind es solche, die egoistisch sein wollten und sich weigerten, sich anderen zu öffnen. Weil ihre Mitte voll von sich selbst ist, haben sie keinen Platz für Gott. Jene, die Gott als Mitte haben, sehen nicht in den Spiegel ihrer selbst, sondern auf Gott. Nächstenliebe ist nach der Definition von Thomas von Aquin[7] die Liebe von Gott und von jenen, die Gott liebt. Der wahrhaft Einsame ist einer, der am Herzen des Leidens der Welt steht, am Herzen des Kreuzes.

Der moderne Einsame ist einer, der dazu berufen ist, ein normales Leben neben anderen zu leben. Es mag immer jene geben, die zu vollkommener Einsamkeit als Anchoriten berufen sind. Aber der mittelalterliche Eremit lebte, obwohl er in vieler Hinsicht ein Rekluse war, ziemlich genau wie seine Landsleute. Gemeinsame Menschlichkeit verbindet uns alle. Die Mönche der Wüste, die am Rande der Existenz lebten, waren sich der Zerbrechlichkeit des gemeinsamen Unternehmens und der Kürze menschlichen Lebens bewusst. Wenn wir schwach sind, dann sind wir stark (2 Kor 12,10), weil wir uns dann nicht auf unsere eigene Stärke verlassen, sondern auf Gott allein.

So ist der Einsame von heute mitten unter anderen Leuten zu finden, in den Wüsten des täglichen Lebens. Er zeichnet sich nicht durch besondere Kleidung oder Lebensart oder andere Sonderbarkeit aus. Der Unterschied, die Trennung, ist innerlich, für die meisten anderen unsichtbar.

Wo monastische Tradition ihr Leben der Einsamkeit zum Ausdruck brachte, da war es ein Weg in die Trennung von allen Formen sozialen Engagements. Mönche waren diejenigen, die auf das normale Leben örtlicher Gemeinschaft verzichteten, auf Familienbande, auf Ehe und Kinder. Das soziale Netz war zerrissen. Der Mönch stand allein, ohne Ahnen oder Angehörige. Auf die Verantwortlichkeiten gegenüber Frau und Kinder, welche den Einsamen in soziales Leben hinein und weg von Einsamkeit ziehen könnten, hat man verzichtet. Die Ehelosigkeit wurde fast zur Definition von monastischem Status, wo Gott allein zum Mittelpunkt und zur Sorge wurde, zum Ziel aller Wünsche.

Doch außerhalb der Klöster wurde das Leben des Einsamen von einfachen Laien geführt. Die monastische Bewegung war ursprünglich natürlich eine Laienbewegung. Das Leben des Mönchs war ein einfaches Laienleben, mit nichts Kirchlichem dran. So ist der Ruf zur Einsamkeit, der heute von so vielen normalen Menschen empfunden wird, eine Rückkehr zur ursprünglichen Lebensform. Doch Ehelosigkeit muss nicht unbedingt dazugehören. Es gab verheiratete Einsiedler im Mittelalter, eine Tatsache, die allgemein unbekannt ist. Das liegt wohl an dem Glauben, unverheiratet zu sein sei irgendwie ein heiligerer Zustand, der einen von uns übrigen absetzt. Es ist ganz bestimmt möglich, Ehe mit dem einsamen Leben zu verbinden, obwohl es eine anstrengende Berufung sein kann, denn die Verbindung zweier offensichtlich einander widerstrebender Forderungen bringt sie mit sich.

Es gibt verschiedene Arten der Einsamkeit in der Ehe. Wenn eine Beziehung zusammengebrochen ist, kann die daraus folgende Einsamkeit bitter sein, wirklich ein Kreuz. Aber dieses Leiden kann uns zu der Erkenntnis führen, dass es nur Gott ist, der unsere äußerste Erfüllung ist, und dass unsere Wunden mit denen Christi irgendwie zusammengehören. Wir können die Vollkommenheit im menschlichen Leben suchen, aber die gehört Gott allein. In den Freuden der frühen Tage in der Partnerschaft sucht das Paar einander alles zu sein. Nur wenn man in Erfahrung wächst, begreift man, dass die besten Ehen jene sind, wo jeder Partner ein befriedigendes erfülltes Leben selbst hat und nicht seine Bestätigung und seinen Wert in seinem Partner sucht. Das heißt, dass jeder dem anderen Raum geben kann, selbst eine ganze Person zu sein, nicht nur eine Beziehungshälfte. Allzu oft kann eine „glückliche Ehe" eine Ehe bedeuten, wo einer der Partner die meisten der Opfer gebracht hat.

Raum für sich selbst und Raum für andere, beides ist Teil des Raums für Gott, etwas was man seinem Leben entreißen muss. Schweigen und Einsamkeit, der Raum allein für Gott, das muss kein Opfer sein, aber in Balance bleiben. Gott ist das Ziel und das Ende. Die Opfer, die wir bringen, sollen allein die unsrigen sein, nicht die der Anderen. Aber es ist wesentlich, dass man lernt, zu vielen gesellschaftlichen Einladungen und Aktivitäten, Dingen, die einen all zu leicht von dem Punkt wegziehen, zu dem man berufen ist, Nein zu sagen. Das wird natürlich von den meisten Leuten nicht verstanden werden. Die Welt von heute legt keinen Wert auf Einsamkeit und Schweigen.

Wie wir gesehen haben, hatte das Leben in den ägyptischen Wüsten nicht völlige Trennung von Anderen zur Folge, trotzdem wurde viel Einsamkeit gesucht. Die großen Abbasse und Ammas der Wüste waren diejenigen, die auf ihre eigenen Konflikte und Sünden gestoßen sind und jeden gerissenen Dreh des menschlichen Herzens kannten. Diese absolute Freiheit von Illusion befähigte sie zu vollkommener Nächstenliebe anderen gegenüber, zur Leidenschaft für ihre Kämpfe und zu Gastfreundschaft allen gegenüber. Dass diese Nächstenliebe sich auf alle Geschöpfe ausstreckt, zeigt sich in den vielen Geschichten von Heiligen und Tieren. Die Tiere, Löwen, Gazellen, Seehunde, die in diesen Geschichten erscheinen, merken, dass hier ein Mensch ist, der keine Furcht oder Aggression gegenüber ihnen hat. Sie akzeptieren ihn als einen von ihnen selbst, der ganz und gar Liebe ausstrahlt.

Diese vollkommene Nächstenliebe ist die Frucht von Reife, sie ist das angestrebte Ziel des einsamen Lebens. Das Einsamkeitsstreben ist zwar innerhalb einer koinobitischen Lebensordnung zusammen mit anderen möglich, aber gleichwohl nicht mit einem normalen Miteinanderleben zu verwechseln. Es ist wiederum eine Sache der Prioritäten, die man setzt. Nächstenliebe anderen gegenüber ist Teil des asketischen Kampfes, Gott im Zentrum seines Lebens zuzulassen. Nächstenliebe ist die Frucht von Einsamkeit.

Anmerkungen

1. Die Regel des Hl. Benedikt, a.a.O., 1.
2. Auch wenn es dem hl. Benedikt entsprechend seiner Regel nicht gefällt, kann jemand außerhalb der monastischen Tradition seinen Ruf zur Einsamkeit so verstehen: „Sich selbst erkennen, böse Gesellschaft meiden und beständig bleiben", H. J. Ch. von Grimmelshausen, Der abenteuerliche Simplicissimus, a.a.O., S. 40, 12. Kapitel WAL
3. Codex Iuris Canonici (CIC), c.603; Marianne Schlosser, Gewachsen aus einer Spiritualität von unten, der Eremitencanon und seine Entwicklung, in: M. A. Leenen, Einsam und allein? Eremiten in Deutschland, a.a.O., S. 130 - 140
4. Maximus the Confessor (580-662), Ambigua, PG91, 1048-9, in: O. Clement, The Roots of Christian Mysticism, a.a.O., p. 38
5. apophatisch   = unsagbar, unaussprechlich
    kataphatisch   = definierbar, beschreibbar;
    „Sagenwollen des Unsagbaren": M. Buber bezeichnet das Eintreten in das Geheimnis als Einheit von Ich und Welt und Gott. Sie ist die absolute Einsamkeit dessen, der ohne Grenzen ist. Er hat das Andere, die Anderen mit in sich. „Wir sind dem Herrn stille, da machte er Wohnung bei uns." „Lege den Zeigefinger auf den

Mund." „Schweigen, Schweigen, Schweigen – Symbolon des lebendigen unvergänglichen Gottes."

Sobald der Mensch es erklären will, er aus dem Unendlichen, das er erlebt hat, mitten ins Endliche steigt, aus der Einheit mitten in die wimmelnde Vielfalt, sobald er redet, ist er der Sprache verfallen. „Er weiß, dass er es nicht sagen kann, und versucht es doch immer und immer, bis seine Seele erschöpft ist...", Exstatische Konfessionen, a.a.O., Vorwort, S. 5-22

Der spirituelle Autor und Hochschulprofessor H. Nouwen fragt sich am Anfang seines siebenmonatigen Aufenthalts im Trappistenkloster: „Was ließ mich über die ‚Wirklichkeit des Unsichtbaren' denken und reden?" und stellt fatalerweise fest: „Vielleicht redete ich mehr über Gott, als dass ich mit ihm sprach", H. Nouwen, Ich hörte auf die Stille, a.a.O., S. 12 WAL

6. Die Blümlein des Hl. Franziskus (Fioretti), a.a.O., 8. Kapitel, S. 1359-1361

7. Saint Thomas Aquinas, On Charity (De Caritate), transl. and with introduction by Lottie H. Kendzierski, Milwaukee, Wisconsin 1960

Kapitel 9

Einsamkeit entdecken

Der Ruf, einsam zu sein, kann sich nach und nach entfalten. Aber weil dieser Ruf im Allgemeinen heute nicht verstanden wird, kann er Leid verursachen. Jemand, der sich zum Allein-sein entscheidet, wird als einer angesehen, der bei gewöhn-lichen gesellschaftlichen Gelegenheiten nicht mitmacht, auch nicht bei der gegenwärtig christlichen Szene, wo es angesagt ist, sich zu engagieren, sich um andere zu kümmern und dabei gesehen zu werden. Jemand, der sich nicht so engagiert, wird als komisch, anormal oder defekt betrachtet.

Doch die christliche Tradition beinhaltet viele verschiedene Pfade, die für jene, die ihnen folgen, alle Wege zu Gott sind. Die Aufgabe für Christen als Individuen ist, den Pfad zu entdecken, welcher der persönliche und individuelle Weg ist, zu dem sie gerufen sind. Nicht mal zwei werden genau ein und denselben Weg geführt. Es gibt, wie wir bei den vorher-gehenden Kapiteln gesehen haben, eine lange Geschichte des christlichen einsamen Lebens. Sie bleibt für viele von heute eine Option, auch wenn sie sich dessen nicht bewusst sind, und trotz der konstanten Betonung auf Aktivität, von der gerade die gegenwärtige Mode bestimmt ist.

Sehr oft ist Einsamkeit schon früh im Leben begründet, sogar schon vor der Geburt, wie es beim Propheten Jesaja heißt: „Bevor ich dich im Mutterleib geformt hatte, kannte ich dich. Und bevor du geboren warst, habe ich dich geweiht" (Jer 1,5). Es gibt einen bewegenden Bericht in einem von Thomas Mertons Briefen, der den Grund seiner Einsamkeit in der Kindheit aufdeckt, in seiner Unsicherheit, was seine Identität, seine Nationalität oder seine Heimat angeht. Durch seine Lebensumstände war ihm Einsamkeit schon in sehr frühen

Jahren gegeben, und den Rest seines Lebens verbrachte er damit, sie als solche zu entdecken.

So kann Einsamkeit uns all unsere Tage verfolgen, aber sie kommt einem vor, als wenn wir vor ihr flüchten müssten. Unbequem sind die Forderungen, mit ganzer Entschlossenheit die einfacheren Optionen und bequemen Kompromisse aufzugeben. Die Gesellschaft programmiert uns gegen Einsamkeit, obwohl sie die erste Erfahrung im menschlichen Leben ist, wenn wir nackt und schreiend aus dem Leib unserer Mutter in eine fremde Welt gestoßen werden. Das Bedürfnis des Kleinkindes von Nahrung und Wärme führt zu einer Abhängigkeit von anderen und zur allmählichen Sozialisation. Nur in der Pubertät erlangt man eine Wahrnehmung des Selbst als getrennt von seiner Familie und sozialem Hintergrund. Dann sollen individuelle Entscheidungen getroffen werden. Solch eine Trennung kann eine sehr schmerzliche und mühsame Zeit sein. Für jemand wie Thomas Merton bedeuten die Unsicherheiten der Kindheit, dass die Einsicht seiner selbst und seiner eigenen Isolation früh kam. Normalerweise ist die Pubertätserfahrung die, dass dieses getrennte Selbst ein neues soziales Milieu sucht, eine Gemeinschaft von Gleichgesinnten, in der man eine andere Rolle spielt als die, die die Familie erwartet. Ist man in dieser neuen Sozialisation erfolgreich, wird persönliche Einsamkeit gemieden, Schweigen auch.

Wenn wir nach viel Kampf trotz alledem Einsamkeit wählen oder wenn sie uns wählt, mag sie willkommen oder unwillkommen sein. Der Verlust eines Partners, Rente oder Arbeitslosigkeit oder andere Lebenskrisen mögen die Gelegenheit für einen neuen Blick auf unser Leben sein. Vertraute Unterstützungssysteme, anerkannte Werte sind zerfallen, und man ist auf seine eigenen echten Stärken zurückgeworfen. Man kann Ablenkung suchen, oder man kann die Armut und Bedürftigkeit, die man erfährt, akzeptieren und in die Einsamkeit eintreten, die einem gegeben ist. Dieses mag eine neue Erfahrung sein oder es mag ein Echo von einem Ruf sein, den man früher gehört hat und der sich nun mit größerer Dringlichkeit wiederholt. Die Tür zur Einsamkeit zu öffnen bedeutet jedoch nicht, sich in eine bequeme egoistische Existenz einzurichten, wo Andere so gut wie keine Ansprüche auf einen erheben. Die Einsamkeit, die einem gegeben ist, zu wählen, ist einen Wüstenpfad wählen, wo Gott derjenige ist, der Forderungen stellt, Anforderungen, die grenzenlos sind. Es ist keine einfache Option.

Bis jetzt mögen wir uns selbst im Spiegel derer, die uns wertschätzen, gesehen haben. In der Einsamkeit gibt es keine Spiegel, und man steht vor der schmerzlichen und sorgfältigen Aufgabe, die Spiegelbilder abzubauen und unser wahres Selbst zu entdecken. Der Pfad des Einsamen ist das Gegenteil von dem, was uns von der heutigen Konsumgesellschaft vorgestellt wird, die uns sagt, dass wir als Mensch unvollständig sind, es sei denn wir besitzen dieses oder jenes erwünschte Objekt. In Einsamkeit gibt es keine Ziele. Jedes Objekt, das vor uns erscheint, ist eine Fata Morgana, die verschwindet, sobald wir näherkommen. Wir alle leben in einer Welt der Bilder und Idole, vertrauter und tröstender Symbole, die wir für Realität halten, Anbetungs- und Wunschobjekte. Diese Fata Morganas bieten die sofortige Befriedigung von Hunger und Durst, aber sie lassen den tieferen Hunger und Durst unberührt, nämlich den nach Gott allein.

Doch zeigt sich, der Ruf zur Einsamkeit ist wesentlich ein Ruf, sich irgendwie von der Gesellschaft zu trennen. Die frühen Mönche waren bekannt als akathistoi, die Wurzellosen, die sich entschlossen hatten, sich von dem sozialen Milieu der Umgebung und Familie, in der sie in der Antike steckten, abzusondern. Heute, wo es selten vorkommt, dass man in der lokalen Gemeinschaft, in die man geboren wurde, verbleibt, leben wir alle als Wurzellose in den Wüsten der post-industriellen Gesellschaft. Die Absonderung des Einsamen von heute wird höchstwahrscheinlich eine innere sein, obwohl Perioden physischer Einsamkeit notwendig werden könnten, erwünscht, aber vielleicht nicht immer erreicht. Amma Matrona der Wüste sagte: „Es ist besser, inmitten von Leuten zu sein und das einsame Leben nur der Intension nach zu leben, als allein zu sein und sich immer die Menschenmenge herbeizuwünschen."[1] Heutzutage mag sich der Ruf in erster Linie als eine allgemeine Abneigung und Unzufriedenheit zeigen, nämlich bei alledem, was die große Mehrheit als normales tägliches Leben akzeptiert. Der Ruf ist beides, eine Sehnsucht nach etwas Unbekanntem und ein Gefühl, von dem Objekt des Verlangens, das man vage erkannt hat, verbannt zu sein.[2] Es ist ein Mangel, eine Leere.

Dieses Gefühl von Abwesenheit kann eine Herausforderung[3] sein, oder es kann eine Erfahrung von Verzweiflung sein, eine tiefsitzende Abneigung der eigenen Lage gegenüber, eine grenzenlose Wüste, wo es keinen Trost gibt. Die Brunnen sind trocken, und unser Durst bleibt ungestillt. Man könnte Ablenkung suchen, einen Ausweg aus diesem Mangel an Befriedigung, dann wäre man in die sinnlose Spaßsuche eingetaucht, die die heutige Gesellschaft uns nur zu bereitwillig anbietet. Oder man könnte eine heile Welt als Illusion wählen, um die zu ersetzen, von der wir dachten, wir hätten sie gerade aufgegeben. Es gibt das Gefühl, man sollte etwas haben, das einen als Christ erweist. So hören wir auf jene, die uns mit besten Motiven von dem Pfad der Einsamkeit wegzuziehen suchen, damit wir uns an aktiver Arbeit von Barmherzigkeit beteiligen und uns verschiedenen sozialen Aktivitäten anschließen. Die Versuchung besteht darin, eine Rolle finden und spielen zu wollen, eine Rolle, die einem ein Gefühl vermittelt, wichtig zu sein, ein Gefühl, dass man in seinem christlichen Leben wirklich nützlich ist.

Das falsche Selbst, das diese Auswege entwirft, ist der große Feind des Einsamen. Der Einsame aber hat keine Rolle zu spielen, denn die Suche, mit der er befasst ist, ist nicht eine nach persönlicher Identität, sondern nach Leere, nach der Bedeutung der tiefgründigen Einsamkeit Gottes. Der Pfad, der nicht markiert ist, liegt über unserem eigenen Abgrund.

Schweigen ruft uns zurück zur Einsamkeit, es bricht in unsere Existenz ein.[4] Es ist allerdings eine reichlich seltene Erfahrung, die in der modernen Welt gemacht werden könnte. Im Krieg 1939-1945 hatten viele Soldaten ihre erste Erfahrung in Schweigen und Einsamkeit in einsamen Nachtwachen auf See oder in der Wüste, etwas dem sie nie zuvor begegnet waren. Man kann ein Einsamer in der Menge sein, doch Schweigen zieht uns in eine Dimension jenseits unserer Existenz, jenseits menschlicher Sprache. Schweigen stellt die Frage nach unserem Sein; darum flieht man so oft davor. Im Schweigen gibt es keine Beschäftigung für unser beschäftigtes Ego; es hat hier nichts, wovon es sich ernähren könnte. Man ist nichts in weitem leeren Raum und wartet auf das Unbekannte.

Im Schweigen zu warten heißt, uns in die Hände Gottes legen. Im Gegensatz zu den meisten Erfahrungen im menschlichen Leben sind wir nicht im Dienstmodus. Unsere eigenen Geschicklichkeiten und eigene Kompetenz werden uns nicht aus der Situation befreien. Wir können nur warten. Wenn wir auf einen Bus oder Zug oder Flugzeug warten, gibt es Ablenkungen von der Langeweile des Wartens, aber hier ist nur Schweigen und Einsamkeit. Wenn wir uns dem Schweigen hingeben, erfahren wir, dass Schweigen nicht einfach die Abwesenheit von Lärm oder menschlichem Sprechen ist, sondern eine positiv durchdringende Qualität hat. Das Schweigen wird ein innerliches Schweigen.

In der ununterbrochenen Verbalisierung der Kultur des 20. Jahrhunderts, wo jede Erfahrung beschrieben und jede

Beschreibung kommentiert werden muss, haben wir einen Ort jenseits aller Worte erreicht. Im Schweigen kann man nur hören, und so lassen wir es zu, dass es uns umfasst. Das Schweigen ist das Geschenk der Einsamkeit. Wenn wir es besitzen, sind wir wirklich Einsame.

Das Leben des Einsamen ist ein stilles und verborgenes Leben, das innerhalb unseres geschäftigen, fordernden alltäglichen Lebens wächst. Die alten Wüstenväter sprachen viel von der Wichtigkeit, die die Zelle, der Ort der persönlichen Einsamkeit, leistet. Abbas Moses sagte: „Sitz in deiner Zelle, und deine Zelle wird dich alles lehren."[5] Die innere Einsamkeit des Einsamen ist die Zelle, wo Selbsterkenntnis und Gotterkenntnis eintreten. Abbas Antonius sagte: „Genauso wie Fische sterben, wenn sie außerhalb des Wassers bleiben, so ergeht es den Mönchen, wenn sie außerhalb ihrer Zellen in Gemeinschaft mit weltlichen Leuten verweilen und sich von ihrer ursprünglichen Absicht der Stille abwenden. Ebenso wie es für die Fische nötig ist, zur See zurückzukehren, so müssen wir zur Zelle zurückkehren, damit wir nicht draußen unsere innere Wachsamkeit vergessen."[6] Heutzutage müssen wir unsere Zelle mit uns tragen, wie es die Schnecke tut; allerdings sollten wir immer bereit sein, sie um der Anforderungen der Nächstenliebe willen zu verlassen. Sie ist und bleibt das Zuhause des Einsamen, das natürliche Element, wo wir leben und wohin wir zurückkehren. Abbas Alonios von der Wüste sagte: „Wenn man nicht in seinem Herzen sagt: nur Gott und ich existieren in dieser Welt, wird man keinen Frieden finden."[7] Der hl. Johannes vom Kreuz wiederholt dieses indem er sagt, dass man in einem Kloster leben sollte, als wenn niemand anderes da wäre als Gott und ich allein.[8]

Es gibt allerdings eine andere lehrreiche Geschichte aus der Wüste: Abbas Daniel und Abbas Ammois waren gemeinsam auf einer Reise. Abbas Ammois vermisste den Frieden seiner

Zelle und sagte: „Meinst du nicht auch, wir sollten uns mal zusammen in eine Zelle hinsetzen, Abbas?" Und Abbas Daniel antwortete: „Wer nimmt uns Gott weg? Gott ist bei uns, wenn wir reisen und auch wieder bei uns in der Zelle."[9]

Man mag einwenden: „Das klingt wie die alte Seelengarten-spiritualität vor 50 Jahren. Heutzutage finden wir Gott in den Nöten unserer Mitmenschen eher als im Ausüben indivi-dueller Frömmigkeit." Darauf mögen wir antworten, dass eines jeden Pfad zu Gott persönlich und individuell ist und dass für die Einen ein Pfad der Erfüllung ist, wenn sie sich für die Nöte Anderer einsetzen, für diejenigen, die sich bewusst sind, zur Einsamkeit berufen zu sein, ist es nicht so. Die Straße des Einsamen liegt im Empfangen, nicht im Geben, eher im Verlust als in der Fülle. In der Wüste ohne Belohnung zu leben ist ein Teil der Berufung, und die Berufung ist von Gott. Es ist nicht ein Pfad, dem jedermann folgen oder der von jedermann verstanden werden könnte. In welcher Weise man auch berufen ist, entweder zum Dienst am Nächsten oder zur Einsamkeit, man sollte zu seinem Ruf, wie er gegeben ist, Vertrauen haben.
Es gibt den christlichen Einsamen innerhalb der Kirche, der Gemeinschaft der Getauften. Und die Vokation des Ein-samen muss im Dialog mit der christlichen Tradition aus-gelebt werden. Das Leben des Einsamen ist in dem Sinn prophetisch, dass es sich im Widerspruch zu den Werten seiner Gesellschaft entfaltet. Solch ein Leben hat kein Ziel oder Ehrgeiz, will nichts erreichen; es ist vielmehr ein Leben, das einer inneren Stimme gehorcht.
Solch ein Leben lebt ohne persönliche Belohnung. Es ist ein Geschenk an die ganze Kirche, ein Zeichen der Trans-zendenz Gottes. Es will im Licht monastischer Tradition beurteilt sein, auch wenn die Pfade, die eingeschlagen werden, nicht jenen des historisch bedingten klösterlichen

Lebens entsprechen. Lebendiges Wasser lässt seine gegrabenen Kanäle überlaufen, und neuer Wein erfordert neue Schläuche.

Weil der Pfad des Einsamen der gegenwärtigen Sicht dessen, was christliches Leben ausmacht oder etwa in Bezug auf anerkanntes monastisches Leben, direkt entgegenläuft, scheint der Einsame eine sonderbare Person zu sein. In dieser Identifikation mit jenen, die von der Gesellschaft isoliert sind, repräsentiert der Einsame den Außenseiter, und deswegen leidet er. Der Weg ist der Weg des Kreuzes, des Jesus, der mit dem Ausgestoßenen und den Sündern identifiziert wurde (vgl. Hebr 13,12f). Darum ist es nicht überraschend, dass für den Einsamen oft wenig Platz innerhalb der lokalen Kirche vorgesehen ist. Sein Pfad liegt eher in der Wildnis. In der Bibel allerdings ist die Wildnis außerhalb des Lagers, der Ort, wo die Stimme Gottes zu hören ist.

Das Leben des Einsamen ist kein einfaches Leben, denn es gibt dafür keine Vorschriften, und jeder Tag muss aufs Neue angegangen werden. Die Zeichen, die sagen: „Bleib in der Spur" oder „Bei Rot hier warten" sind von geringer Bedeutung für jemanden, der querfeldein gehen soll und der nur mit einer ziemlich unpassenden Karte ausgerüstet ist und mit einem Kompass, dem zu vertrauen man noch nicht gelernt hat. Von Zeit zu Zeit sucht der Einsame nach Bestätigung, nach Versicherung, dass der Pfad, von dem er angezogen wird, echt und keine Illusion ist. Wenn man Glück hat, trifft man auf einen, der Weisheit und Einsicht aufweist, der vom Geist ergriffen ist, und der den Weg des Geistes im Anderen spürt. Er mag den Weg erkennen können, der bis zu diesem Punkt zurückgelegt wurde, und vielleicht auch die Hindernisse auf dem weiteren Weg. Aber es ist ganz sicher nicht die Zeit für Regeln und Vorschriften, sondern von Einfühlungsvermögen, „die zarten Einsalbungen des Geistes"[10], wie Johannes vom Kreuz es nennt, wahrzunehmen.

Manchmal erscheint kein Führer, und es wird einem keine Versicherung gegeben. Das ist dann ein Test auf Treue und Ausdauer im Angesicht von Zweifel und Dunkelheit.[11] Die frühen Wüstenpioniere hatten selbstverständlich keine Führer. Sie gingen einfach hinaus in die Wüste, an den Ort der Verzweiflung und kamen damit zurecht. Das verborgene Werk der Zelle, verbunden mit der manuellen Arbeit, die die andere Hälfte des Werkes war, war ihre Hauptbeschäftigung. Ein Spruch verglich die Zelle mit „dem Schmelzofen von Babylon, wo die drei Kinder den Sohn Gottes fanden, und es ist auch die Wolkensäule, aus der Gott zu Mose sprach."[12] Die Zelle, der Ort des Schweigens und der Einsamkeit, wo man Gott begegnet, ist der Ort, wo man Illusionen trifft, erkennt, was sie sind und sie beseitigt, und wo es nichts gibt, was einen von der inneren Suche ablenkt.

Es ist der Geist, der leitet, entweder durch die Worte eines Anderen oder direkt. Diese direkte Führung ist der übliche Pfad des Einsamen und ist etwas, dem große Aufmerksamkeit geschenkt werden muss, denn es ist die einzige Kompasspeilung, die zur Verfügung stehen mag. Jeder wird einen anderen Pfad geführt. Die einen müssen einen einfachen und klaren Pfad beschreiten, andere kommen voran, indem sie viele falsche Kurven drehen und Irrtümer begehen, bevor der Weg klar ist. All dieses findet statt, nicht mit außergewöhnlicher Hilfe von Visionen und Offenbarungen (obwohl solche Dinge möglicherweise passieren), sondern durch die gewöhnlichen Ereignisse eigener täglicher Existenz.[13]

Das verborgene Leben des Einsamen ist keine Welt von Fantasie und Träumen, sondern der Ort, wo man Gott begegnet. Der Einsame ist einer, der nicht einfach allein ist, sondern er ist allein mit Gott. „Jene, mit denen Gott ist" sagt William of St. Thierry, „sind gerade dann überhaupt nicht allein, wenn sie allein sind."[14] In die Wüste eintreten ist keine Flucht aus der Wirklichkeit. Die Wüste ist ein Ort von

Vereinfachung, wo einem die anfänglichen Ideen von einem selbst und von Gott geläutert werden. Es ist ein Ort des Hungers, der allein durch Gott gestillt wird. „Gott allein genügt",[15] wie die hl. Teresa sagte. Das Licht der Wüste ist klar und rein und dringt in jede Ecke unseres Lebens, selbst in die dunkelsten Winkel. Alles muss erleuchtet und erkannt werden.

Anmerkungen

1. Rosweyde, Vitae Patrum, V.ii. 14; F. Derwahl, Die Lebenskunst der Wüstenväter, a.a.O., S. 126

2. „Eines zu sein mit Allem, was lebt, das wäre göttliches Leben, das wäre der Himmel der Menschen. Aber die ewigeinige Welt ist hin, die Natur verschließt die Arme, und ich stehe wie ein Fremdling vor ihr und verstehe sie nicht." (F. Hölderlin, Hyperion, a.a.O., Erster Band, erstes Buch, S. 127 f.)

3. „Ich bin mit mir im Unreinen, vom konventionellen Leben abgeschnitten, mit dem Absoluten noch nicht wirklich verbunden. Was mich am Laufen hält, ist die Erinnerung an meine Erfahrungen aus der Vergangenheit und ein Wunsch, eins zu werden mit jenem transzendenten Königreich, von dem ich weiß, dass es wahrhaftig ist. Von Zeit zu Zeit bekomme ich etwas davon zu sehen, und mir ist als ob ich in einer fremden Welt einen Freund sehe... Aber es gibt Zeiten, da ist nichts davon; und ich warte einfach nur vertrauensvoll." in: M. Sinetar, Ordinary People as Monks and Mystics, a.a.O., p. 86

4. „Seid stille und erkennt, dass ich Gott bin" (Ps 46, 11), in: Der Psalter, dtsch. übersetzt M. Luther

5.   Rosweyde Vitae Patrum, V.ii.9., B. Miller, Weisung der Väter, a.a.O., S. 180 (500)

6.   Rosweyde Vitae Patrum, V.ii.1., B. Miller, Weisung der Väter, a.a.O., S. 16 (10)

7.   Rosweyde Vitae Patrum, V.xi.5., B. Miller, Weisung der Väter, a.a.O., S. 60 (144)

8.   St. John of the Cross, Counsels to a Religious, 2.; „Lebe so, als gäbe es nichts in dieser Welt als Gott und dich selbst." (Weisungen des Lichtes und der Liebe, 143, in: Johannes vom Kreuz, Weisheit und Weisung, a.a.O., S. 45)

9.   Rosweyde, Vitae Patrum, V.xi.8., B. Miller, Weisung der Väter, a.a.O., S. 77 (187)

10. J. vom Kreuz, Die lebendige Liebesflamme, a.a.O., 3. Strophe, 31, S. 135 f.

11. Mit diesen schmerzlichen Erfahrungen, die Gott uns nicht erspart, befasst sich Johannes vom Kreuz in The Ascent of Mount Carmel und The Dark Night, in: The collected Works of St. John of the Cross, a.a.O., pp. 73-292 und pp. 295-389.

12. Rosweyde, Vitae Patrum, V.vii.31., B. Miller, Weisung der Väter, a.a.O., S. 397 (1150)

13. Thomas v. Orla, der Protagonist in Ernst Wiecherts Roman: Das einfache Leben „trifft seinen Engel", indem er über Ps. 90,9 stolpert (wir bringen unsere Jahre zu wie ein Geschwätz). Dieser Vers hat auf ihn gewartet, und er auf ihn, so will ihm seine Krise als sinnvoll erscheinen. Alles ist zusammengestürzt. Das gibt er zu und schämt sich und will von neuem anfangen. Ohne sich zu wehren und bereit öffnet sich ihm Schritt für Schritt eine für ihn passende Existenz, in der er sich bescheidet (nichts haben wollen), in der er sich der Stille aussetzt (nicht viel sprechen), manches erfährt und ansieht („wenn auch schweren Herzens"). Ordnungen, auch die geistigen,

sind freilich dahin, Gottesvorstellungen haben sich als Illusionen erwiesen. Aber „dass der Engel ihm zusieht" ist gewiss, während er die anfallende körperliche Arbeit leistet und ebenso der verborgenen Wirklichkeit tapfer ausgesetzt bleibt. WAL

14. William of St. Thierry, Golden Epistle, a.a.O., Book I,x.; vgl. W. Niggs autobiografische Hinweise auf seine Erfahrung der immerwährenden Anwesenheit Gottes als tröstende Gottesfreundschaft in allem Erleben von Einsamkeit, von frühester Kindheit an. „'Ich will dich lieben, o mein Leben, als meinen allerbesten Freund.' Davon ausführlicher zu reden, wäre ein Verstoß gegen die Anweisung des Herrn Jesu, in das stille Kämmerlein zu gehen und die Türe zuzuschließen." in: W. Nigg, Epilog, a.a.O.

15. E. Münzebrock, Teresa von Avila, a.a.O., S. 167.

Kapitel 10

Praktische Einsamkeit

Das Leben des Einsamen ist nicht einfach ein Leben der Selbstgefälligkeit, ein bequemer Rückzug von den Anforderungen des wirklichen Lebens und meiner Mitmenschen. Solchen Anforderungen muss man sich voll stellen; das ist ein Teil der Askese des Einsamen. Selbstzufriedenes Leben stellt das Individuum in die Mitte. Das Leben des wahrhaft Einsamen stellt Gott in die Mitte. Dieses Leben bezieht sich immer auf etwas anderes als sich selbst, auf das mysteriöse Unbekannte.

Das Leben des Einsamen, wie es heute außerhalb eines klösterlichen Umfelds gelebt wird, ist ein zutiefst gewöhnliches Leben. Es unterscheidet sich nicht in äußerer Erscheinung von dem Leben eines jeden; wie konsekriertes Brot ist es das verborgene und unsichtbare Element, was es anders macht. Aber genau dieses verborgene Leben ist der bestimmende Faktor, der totale Loyalität fordert und von dem unser ganzes Leben geordnet wird. Es ist ein Blankoscheck, also ohne Saldo; die Summe, die darauf zu schreiben wäre, ist unbekannt und unbestimmt. Ohne die totale Aufgeschlossenheit Gott gegenüber gibt es kein Vorwärtskommen. Es ist durchaus ein Leben des Kampfes, nicht eins des Friedens, da Gottes Wege nicht unsere Wege sind. Wir lernen nach und nach und mühsam, was von uns erwartet wird.

Das Leben, Gott in Einsamkeit zu suchen, ist kein einfaches Leben. Es trifft bei vielen unserer Mitchristen auf wenig Verständnis, die andere Ideen davon haben, was ein christliches Leben ausmacht. Damit wir diesem Ruf, der uns bewusst ist, vertrauen, müssen wir die historischen Traditionen einsamen Lebens verstehen; sie zeigen uns, dass wir keinesfalls „komisch" sind, sondern dass wir die Nachfolger in einer Tradition sind, die so alt ist wie die Kirche selbst. Das bedeutet nicht, einen bestimmten Lebensstil in mittelalterlicher Art zu übernehmen, sondern danach zu suchen, was ein kontemplatives Leben im weitesten Sinn inmitten all der Geschäftigkeit unseres 20. Jahrhunderts sein könnte. Wir entziehen uns nicht der Welt, sondern bewahren unsere innere Zelle der Stille inmitten all des Durcheinanders unseres täglichen Lebens in Arbeit und Familie. Das bedeutet nicht, dass man sich nicht um seine menschlichen Beziehungen bemühen sollte. Allen Elementen dieses Lebens muss volles Gewicht zukommen; keiner wird ein wirklich Einsamer auf Kosten eines Anderen.

Doch diese innere Stille ist der Ort, an dem wir Gott begegnen, in Einsamkeit und Schweigen. Diesen Ort zu bewahren, muss es ein „Nein" wie auch ein „Ja" geben. Das Leben muss so arrangiert werden, dass der Einsamkeit jeden Tag volle Wichtigkeit zugestanden wird. Wenn man sehr beschäftigt ist, dann ist es erst recht notwendig, sich Zeit herauszunehmen, um allein und still zu sein. Wenn man sein Leben mit Stille ordnet, weichen Hektik und Ärger und man wird leichter mit ihnen fertig. Man steht nicht mehr unter Druck. Wenn man sein Leben ganz Gott gibt, muss alles was passiert, ob glücklich oder schlimm, als Geschenk Gottes angesehen werden. So kann Einsamkeit nicht als ein Rückzug aus dem Leben gesehen werden, als ein Abdriften in eine Sphäre sentimentaler Religiosität, als bloße Verweigerung des schwer Genießbaren. Vielmehr tritt man mit der Einsamkeit tiefer in das Mysterium des Kreuzes ein.

Einsamkeit ist natürlich eine innere Neigung, die äußere Einsamkeit bestätigt und verstärkt. Man kann ganz einsam inmitten einer Menschenmasse sein. Die Gelegenheiten der Einsamkeit während des Tages sind nicht notwendig diejenigen, wenn man ganz allein ist, sondern das sind Zeiten, wenn die Aufmerksamkeit nach innen gewandt ist, weg von den Ablenkungen, die uns umgeben. Die Gedanken können herumfliegen und einem Anreiz nach dem anderen folgen, gefangen von allerhand Dingen, die nach unserer Aufmerksamkeit greifen. Das Geheimnis ist, unseren Blick auf jenseits dieser Dinge zu richten, indem man auf den einen Punkt sieht, welcher Gott ist. Wenn wir Gott suchen, sucht Gott uns; es ist eine Beziehung, die gepflegt werden muss, genauso wie menschliche Beziehungen gepflegt werden müssen. Wie verliebt sein ist es ein Prozess, durch den wir uns jenseits unserer selbst in eine unbekannte Welt hineinnehmen lassen.

Mit der Dauer dieser Beziehung werden sich Ideen und Konzepte, mit denen wir begannen, wandeln. Genau wie ein Kind, wenn es aufwächst, größere Kleidung braucht, so wird sich die Ausstattung, mit der wir beginnen, als ungenügend erweisen und wird ausrangiert werden müssen. Es ist ein Prozess weg von Sicherheit hin zur Unsicherheit, ein Stapellauf ins tiefe Wasser und ein Hintersichlassen der Bequemlichkeiten von vertrauten und gründlich ausprobierten Wegen. Die Geschichte der Bibel ist die eines Volkes, das aus seiner Sicherheit gerufen wurde, um allein von Gott abhängig zu sein. Dann gab es diese Abhängigkeit für etwas Greifbareres wieder auf, nämlich für Idole, Götter, aller Art. Alles was Gott verlangt ist unser Ja. Gott ist treu, selbst wenn wir es nicht sind und unsere eigenen besonderen Götter, Idole vorziehen, seien es Macht, Geld, Sex, unser eigenes Bild von uns selbst oder unsere religiösen Praktiken. Die Konsumgesellschaft ist voll von Idolen: wir werden überredet, dass wir als Menschen nicht vollständig sind, wenn wir nicht dieses oder jenes wünschenswerte Objekt besitzen oder diesem oder jenem Muster populärer Kultur folgen. Selbst grüne Politik kann ein Idol des angeblich „Korrekten Denkens" werden. Der Einsame ist gerufen, abseits dieser

Art von Druck zu stehen und ihr verdrehtes Wesen zu spüren.

Das einsame Leben wird verschiedenartig gelebt. Es gibt so viele Wege zu Gott wie es Menschen gibt. Es gibt keinen richtigen oder falschen Weg, sondern den Weg, den Gott für dich in der Situation, in der du dich befindest, auserwählt hat und den du zu entdecken hast. Nimm dich also in Acht vor denen, die sagen: „Dieses ist der richtige Weg" oder „Das ist der richtige Weg" (vgl. Mt 24,23), denn der Pfad für dich ist der, den Gott für dich persönlich ausgesucht hat und den nur du erkennen wirst. Wir alle sind spirituell taub und blind und kämpfen sehr gegen Gottes Forderungen an uns. Wir klammern uns an das, was uns vertraut ist und was wir haben. Wie die Israeliten von damals sind wir in die Wildnis Gottes gerufen (Dtn 8,15 f).

Die Wüste, zu der der Einsame gerufen ist, ist nicht ein Ort, sondern etwas, was unter der Oberfläche normaler menschlicher Existenz sein muss. Sie ist nirgendwo, und doch ist sie ein Ort des Durstes nach Gott. Aber um diese Wüste zu betreten, muss man sich der Gefahren, darin zu leben, bewusst sein und fähig sein, diese Gefahren zu meistern. In der monastischen Tradition wurde eine Zeit der Vorbereitung erwartet, in der man im Lichte Gottes lernte, all diese Dinge in sich selbst zu finden, die eigenen Schwachpunkte und die Zurückweisung der Gnade, die das klare und eindeutige „Ja" auf Gottes Ruf verhindern. Es muss zu einer Reise zu einer schmerzlichen Reife kommen, und zu einer Vision von sich selbst als nackt vor Gott, ohne die Feigenblätter des sozialen Selbst und ohne sich hinter religiösen Plattitüden zu verbergen. Die alten Wüstengeschichten von Kämpfen mit Dämonen handelten vom Kampf mit genau diesen befremdlichen Aspekten von sich selbst, von den Dingen, die die Persönlichkeit zu dominieren suchen. Der Wunsch nach Belohnung, nach Anerkennung, nach Bewunderung sind potente Dämonen, ebenso die Gier, seine körperlichen Bedürfnisse über die einfachen und natürlichen Grenzen hinaus zu erfüllen wie auch der Wunsch nach Erregung aller Art, wovon die modernen Medien leben. Diese sind einige offensichtliche Dämonen, die als solche angegangen und bezeichnet werden sollten.

Dies ist ein Kampf, der anhält. Es ist sehr einfach, gleichgültig zu werden und gewisse eigene Fehler zu übersehen, bis man ihnen durch Ereignisse und Begegnungen, die sie offenbaren, unvermittelt gegenübersteht. Man muss wachsam und bescheiden in der Mitte seiner eigenen Demut bleiben. Genauso wie sich einem unreine Haut offenbart, wenn man bei hellem Licht in einen Badezimmerspiegel schaut, so kann das Licht Gottes, das einem ins Herz scheint, die Unvollkommenheiten dort offenbaren. Wo es kein Licht gibt, werden diese Dinge nicht gesehen; ohne dieses offenbarende Licht kann man in einer Welt selbst geschaffener Illusion leben.

Die Disziplin der Einsamkeit wird für jeden anders sein. Eine innere Zelle der Stille zu bewahren, wird eine größere Mühe für denjenigen mit Familienverpflichtungen sein. Das gilt auch für jene, deren Leben enge Zusammenarbeit mit anderen beinhaltet. Hier muss man von der Zeit Gebrauch machen, die einem den Tag über gegeben ist, selbst wenn es nur ein Moment oder zwei sind, sein Leben Gott darzubringen. Es ist so als wenn man einen Kompass, der genau nach Norden zeigt, in der Hand hat. Die Geschäftigkeit des Lebens wird die Nadel ausschlagen lassen. Aber sie wird sich zurückdrehen und wieder in dieselbe Richtung weisen. Dramatische Gesten sind leicht, einfache Treue fordert mehr Anstrengung.

Gebet ist nicht so sehr eine Sache besonderer Gelegenheiten, Formen, Wörter, sondern eine ununterbrochene Orientierung auf Gott, die zur Gewohnheit wird. Dies ist das verborgene Leben, es bewegt sich innerhalb des äußeren

Lebens, das sich kaum von einem anderen menschlichen unterscheidet, außer durch den verborgenen Durst nach Einsamkeit, Schweigen und Einfachheit, einen Durst, der sich vielleicht nur sporadisch stillen lässt. Aber wenn es möglich ist, sein Leben so zu arrangieren, dass man in den Genuss solcher Dinge kommt, sollte man nicht zögern, es zu tun. Selbst in der Eile der Großstadt gibt es Oasen des Friedens; Kirchen sind vielleicht offen, und andere Orte unerwarteten Schweigens mögen sich anbieten.

Wenn man alleine lebt, ist Einsamkeit kein Problem. Man kann Gebet und Lesung in regulärer Disziplin aufrechterhalten. Aber solche Aktivitäten sind keine Antwort auf Gott, sondern unser Durst nach Gott. Je größer die Not, desto größer der Durst. Der Pharisäer im Gleichnis (Lk 18,10ff) hielt alle Regeln von Gebet und gutem Betragen, indem er fastete und sich verpflichtete, einen Teil seines Einkommens für Nächstenliebe abzugeben. Der Zöllner andererseits, der Mann von zweifelhaftem moralischen Ansehen, bat nur um Gottes Gnade. Man kann seine Erlösung nicht verdienen; was wichtig ist, ist zu merken, wie sehr man in seinem Leben Gott braucht. Mit solcher Bedürftigkeit, mit solchem Durst gibt man sich Gott hin.

Solch ein Geschenk ist der springende Punkt. Man wird nicht plötzlich ein besserer Mensch. In Wirklichkeit scheinen alle unsere Fehler nur noch dunkler und dunkler und vertrackter. Aber von dem Punkt an macht die Autonomie, die Unabhängigkeit, die im modernen Leben so sehr geschätzt ist, Platz für ein eigenartiges Gefühl, dass ein Anderer bestimmend ist. Zuerst mag das eine friedvolle Erfahrung sein, als wenn man sich von rauem Gewässer in sanft fließende Strömung bewegt. Aber bald finden wir, dass dies nicht das Ende der Geschichte ist, sondern erst der Anfang. Wir sind einfach gefragt damit fortzufahren „Ja" zu sagen angesichts all dessen was da passieren mag. Es gibt schlimmes Versagen,

Dinge laufen verkehrt, Türen schließen sich, sorgfältig ausgearbeitete Pläne führen zu nichts. Es ist eine Zeit von Frustration und Kampf. An dem Punkt der Verzweiflung, wo man endlich aufgibt, diese Unordnung zu verstehen, erscheint eine Alternative. Ein Tor zu neuer Möglichkeit öffnet sich plötzlich. Ein neuer Weg vorwärts stellt sich ein oder die Ereignisse seines Lebens erscheinen einem plötzlich in einem neuen Zusammenhang. Beim Puzzle fängt das Bild an in Erscheinung zu treten. Von da an ist Hören wichtiger als Sprechen. Es ist so, als wenn etwas knapp jenseits der Frequenz des Hörens leise gesagt worden ist, wenn man seinen Sinn nur ahnend erfassen kann. Hin und wieder will das alte Selbst es wieder übernehmen, die Dinge so zu netten ordentlichen Mustern zu arrangieren, dass alles verständlich bleibt, weil es das Bedürfnis verspürt, die Situation voll im Griff zu behalten.

Das einsame Leben muss wie alles Lebendige gefüttert werden. Wie ein Tier, das auf einem Feld grast, weiß was das Richtige zu fressen ist, so wird der Einsame durch innere Leitung die richtige Nahrung für den Geist finden. Das Lesen sollte man nicht vernachlässigen; die spirituellen Schätze der Vergangenheit stehen zur Verfügung, obwohl es einiges an Beharrlichkeit bedarf, sie zu finden. Öffentliche Büchereien sind eine Quelle, wo man Bücher ausleihen kann. Im Anhang dieses Buches gibt es einige Empfehlungen. Viele der spirituellen Klassiker wurden in einem anderen Zeitalter und einem anderen religiösen Klima geschrieben, aber die Suche nach Gott ist in jedem Zeitalter gleich. Die Sprache mag fremdartig sein, aber sie spricht von demselben.

Retreats sind ein anderes Mittel, das genutzt werden sollte, insbesondere von denen, die ein geschäftiges und zerstreutes Leben führen. Wenn man Abgeschiedenheit sucht, bieten viele Klöster Möglichkeiten für den Einzelnen mit Schweigen und Einsamkeit.[1] Längere Schweigezeiten sind vielleicht möglich; man könnte ein Cottage in einer abgeschiedenen Gegend pachten oder mieten. Manchmal sind die Preise außerhalb der Ferienzeiten viel billiger. Wenn eine längere Zeit der Abgeschiedenheit notwendig zu sein scheint, sollte sowas mit Bedacht angegangen werden.

Dieses Unternehmen in vollkommene Einsamkeit ist eigentlich kein Urlaub, obwohl Erholung auch dazugehören kann. Es ist ein Weg, sein Leben und seine Prioritäten neu zu bewerten, ein Weg, eine Zeitlang die Lasten und Sorgen seines Lebens niederzulegen, um seine Aufmerksamkeit auf das zu richten, was innen passiert. Deshalb ist es wichtig, diese Lasten und Sorgen hinter sich zu lassen und sie nicht im Gepäck zu behalten. Der hl. Katarina von Siena wurde gesagt: „Achte auf meine Angelegenheiten, Tochter, und ich will für deine sorgen." So sei es; wenn es ein Telefon im Haus gibt, arrangiere es, dass du wenn nötig nur zu besonderen Zeiten erreichbar bist, z.B. abends zwischen sechs und sieben Uhr. Zu anderen Zeiten lass es klingeln. Das ist eine gute Disziplin, sich in Distanz zu üben.

Diese Zeit des Alleinseins ist ganz und gar Gott anheimgestellt, im Gegensatz zum gewöhnlichen alltäglichen Leben, in dem man auf Ansprüche von Mitmenschen und Dingen irgendwie eingehen muss. Nimm Lebensmittel und was du sonst brauchst soweit wie möglich mit, sodass die störenden Einkauffahrten vermieden werden können. Nimm reichlich Bücher mit, spirituelle Klassiker, die du vielleicht noch nicht gelesen hast, oder eins, das du kennst, und natürlich eine Bibel. Hab auch etwas Leichteres zur Erholung bei dir; etwas wie eine Biographie ist eine bessere Auswahl als ein Krimi oder Roman, der dazu führt, die Fantasie zu sehr anzuregen. Fernsehen sollte aus gleichem Grund streng eingeschränkt sein. Aber lass auch Zeit zur Erholung übrig; der Geschichte der Wüste zufolge bricht der Bogen, der dauernd angespannt ist, bald.[2]

Schweigen und Einfachheit sollten den Tag bestimmen. Wie Aelred of Rievaulx seine Schwester anwies: „Du sitzt, du schweigst, die Dinge, die passieren sollen, erträgst du."[3] Deine Beschäftigung sollte verschiedenartig sein; nach einer oder zwei Stunden, die du mit Lesen oder Gebet verbracht hast, verrichte etwas Haushalt oder koche oder gehe raus und mache einen Spaziergang. Fühl dich in deinem Rhythmus wohl. Er ist lediglich der Rahmen, in dem der Geist in dir wirkt. Das Ziel ist ein ausgewogener Zustand, an dem Körper und Geist gleichermaßen teilhaben. Allerdings ist der springende Punkt deiner Abgeschiedenheit der, der Stimme Gottes zu erlauben, im Schweigen ohne die Ablenkung anderer Sorgen gehört zu werden. Es ist eine Zeit spirituellen Fortschreitens, obgleich du vielleicht nur etwas seltsam Ausdrucksloses gewahrst. Akzeptiere einfach alles, was zu dir kommt.

Antonius sagte: „Derjenige der in Einsamkeit sitzt, ist drei Kriegen entkommen, dem Hören, dem Sprechen und dem Sehen; er hat nur einen Kampf, das ist der Kampf des eigenen Herzens."[4] Du magst in Zeiten von Dunkelheit und Leiden geraten, wenn gewisse Spuren deines Lebens aus Vergangenheit oder Gegenwart deine Beachtung fordern. Sie müssen angenommen werden und in das Licht Gottes, der alle Herzen sucht, gebracht werden. Dir werden Dinge in dir selbst gezeigt, die du lieber nicht gekannt hättest. Deine Wunden müssen zu Gott gebracht werden und mit den Wunden Christi vereinigt werden. Unsere Wunden werden nicht geheilt, sondern gepriesen. Wie der hl. Johannes vom Kreuz sagt, sind die Wunden, die auf eine andere Ursache zurückzuführen sind, die Wunden der Liebe geworden.[5] Oder wie Bernard von Clairvaux sagt, treten wir in das Leben Gottes durch die verwundete Seite Christi ein. Das ist das Geheimnis unserer Einheit mit Gott im Tiefsten, das Leiden, an dem wir teilhaben.

Die Frucht dieser Auszeit in totaler Einsamkeit sollte eine Befestigung oder eine Bekräftigung deiner Vokation sein, eine vollkommene Verpflichtung, ein eindeutiges Ja. Dieses Ja ist gänzlich verborgen, ohne jegliches äußere Zeichen zu tragen, wie etwa das eines Ordenshabits, allerdings ist es ein Eingeständnis, von der Hand Gottes berührt worden zu sein. Es mag sein, dass es mehr als einer einmaligen Auszeit bedarf, um das durchzuarbeiten, was erforderlich ist, doch könnte die Befestigung unserer Ziele in dieser Initialperiode zu einer Neuordnung unseres Lebens führen, sodass Einsamkeit an ihren festen Platz in der Mitte aller Dinge gerückt ist. Unser ganzes Leben wird zum Gebet werden.

Diese totale Einsamkeit ist kein unbedingt notwendiger Teil des einsamen Lebens. Aber es ist wie der Besitz eines Fahrrades; es ermöglicht einem, schneller über Land zu reisen. Hier kann man den Dingen ganz direkt begegnen, ohne die Ablenkungen, mit denen das tägliche Leben zwangsläufig gefüllt ist. Paradoxerweise sind diese Ablenkungen natürlich Teil der Gebetsdisziplin; sie existieren nicht etwa in einem Abteil des Lebens, während das Gebet sich in einem anderen befindet. Es ist das Ganze des menschlichen Lebens, das Gott angeht, und das ist die Vokation des Einsamen, das ganze menschliche Leben vor Gott zu bringen.

Anmerkungen

1. Vielleicht ist es erstaunlich, dass auch ein evangelisches Kloster bei Betonung von Klausur und Schweigen zur Einkehr in Gruppen an Wochenenden einlädt und Einzelgästen Zellen zur Verfügung stellt, auch für längere Zeit: Gethsemanekloster (Hg.), Brief für Freunde, Winter 2014/15, S. 32. WAL
2. B. Miller, Weisung der Väter, a.a.O., S. 17 (13)

3.   Aelred of Rievaulx, De Institutione Inclusarum, a.a.O.
4.   Rosweyde, Vitae Patrum, V.ii.2., B. Miller, Weisung der
      Väter, a.a.O., S. 17 (11); „Wenn wir in die Wüste gehen,
      ins Alleinsein geraten, dann begegnen wir dort, in
      unserer inneren Einsamkeit, nicht unbedingt einem
      stillen, abgeklärten Selbst, sondern wir erleben uns als
      Kampfplatz schöpferischer und zerstörerischer – in
      biblischer Sprache göttlicher und dämonischer Kräfte“,
      in: Hans-Eckehard Bahr, Alleinsein, Ich höre auf das
      Leise, Stuttgart 1987, S. 24
5.   Hl. Johannes vom Kreuz, Die lebendige Liebesflamme,
      a.a.O., zweite Strophe 7.

Kapitel 11

Das Gebet des Einsamen

Wenn des Einsamen Berufung ursprünglich die monastische Vokation ist, dann sollten einige Überlegungen zu monastischer Gebetstradition für die Art, wie Einsame beten, erhellend sein. Mit den Worten des hl. Paulus (Röm 8,26 f) ist das Gebet das Werk des Hl. Geistes, der in uns betet. Das heißt, dass es ebenso eine Frage des Hörens wie des Sprechens ist, also ein ununterbrochener Dialog zwischen Gott und uns stattfindet, die wir unvollkommen und treulos sind. Das Gebet eines jeden hat seine eigenen Besonderheiten, seine eigene persönliche Sprache. Das zu entdecken braucht Zeit, manchmal ein ganzes Leben. Genau das ist die Art Gebet, die das Leben des Einsamen formt.

Das besagt nicht, dass das Gebet eines Einsamen „protestantisch" ist, verglichen mit liturgischem Gebet, welches „katholisch" wäre. Barsanuphius, ein ägyptischer Mönch im 6. Jahrhundert, der in Gaza lebte, schreibt: „Die Stunden- und Psalmengebete sind Bräuche der Kirche und weise eingerichtet, alle (im Gebet) zu versöhnen, als auch in Gemeinschaften zu vereinen. Diejenigen, die als Einsiedler in Skythen leben, beten keine Stunden- oder Psalmengebete, sondern beschäftigen sich in Einsamkeit mit ihrer Handarbeit, mit Lesen und Meditieren, und von Zeit zu Zeit stehen sie auf und beten."[1]

Daher ist es klar, dass die Tradition des Gebets für Einsiedler sich von der der koinobitischen unterschied. Der christliche Einsame betet immer innerhalb der Kirche und innerhalb der monastisch einsamen Tradition. Aber diese Tradition ist nicht die des täglichen Officiums der benediktinischen Regel, die weithin trotz vieler aktueller Modernisierungen durch monastische Kommunitäten als Norm gilt. Das benediktinische Officium ist eine durch und durch auf hohem Niveau gestaltete Angelegenheit. Sie wurde für die Einheit der koinobitischen Gemeinschaft entworfen. Es handelt sich um das gemeinsame Gebet auf den Tag verteilt, das sich auf das alte jüdische Gebet gründet: „sieben Mal am Tag preise ich dich" (Ps 119,164), und alte jüdische Psalmen gebraucht. In der Tat gibt es auch einige moderne Einsame, die das benediktinische Officium für ihr eigenes reguläres Gebet benutzen, aber das setzt voraus, reguläre Zeiten über den ganzen Tag freihalten zu können, was selten mit dem Arbeits- und Familienleben vereinbar ist. Der moderne Einsame, der in den Wüsten des täglichen Lebens lebt, muss Gebet und Arbeit in der Weise, wie die frühen Wüstenmönche es fertiggebracht haben, aufeinander abstimmen.

Denn Arbeit gehörte damals essentiell zu ihrem Leben, einfach um ihren Unterhalt zu ermöglichen. Den ganzen Tag haben sie Matten gewoben und Körbe geflochten, um sie auf dem Markt zu verkaufen und sich somit mit Brot und Salz und anderem Notwendigen zu versorgen. Selbst in den Klöstern des Pachomius, die koinobitische Arbeitsgemeinschaften waren, war das Gemeinschaftsgebet oder die synaxis immer von Arbeit begleitet; jeder Mönch ließ sich mit eingeweichten Palmblättern versorgen, um während der Gebete flechten zu können.

So wurde der Mönch mit den arbeitenden Armen identifiziert, die für ihr tägliches Brot ganz allein von Gott abhängig waren. Der hl. Benedikt räumt der Handarbeit in seiner Regel einen großen Platz ein und sagt, dass die Werkzeuge des Klosters mit derselben Ehrfurcht betrachtet werden müssen wie die Gefäße des Altars.[2] Wenn sie arbeiten müssen, um die Ernte einzusammeln, „dann sind sie wirklich Mönche, wenn sie durch ihrer Hände Arbeit leben, wie es unsere Väter und die Apostel taten."[3] Von seiner Hände

Arbeit zu leben, ist eine Tradition, die im „offiziellen" Mönchtum zu verschwinden droht; dessen Idee ist es, dass der Mönch von den Opfern der Gläubigen, die zur arbeitenden „Welt" gehören, lebt. Im Gegensatz dazu sei der Mönch derjenige, dessen Arbeit das Gebet ist, der ein kontemplatives Leben führt. Aber das ist eine Idee, die sich mehr an das klassische Ideal des Philosophen, wie es von Plato dargestellt ist, anlehnt als an uralte monastische Tradition. Monastische Reformer wie der hl. Benedikt und die frühen Zisterzienser haben immer den Platz für manuelle Arbeit, für der Hände Arbeit betont. Die Arbeit des Mönches, wie der Zisterzienser Thomas Merton anmerkte, ist „weltlich" statt „kirchlich."

Die Arbeit an sich ist dann ein asketisches Hilfsmittel im Leben in Gemeinschaft mit Gott. Arbeit ist menschliche Notwendigkeit, allen gemeinsam (Gen 3,19). Sie ist eine objektive Aufgabe, etwas was getan werden muss, eine uns auferlegte Last. Sie ist keine unglückliche Notwendigkeit, etwas das durchstanden werden müsste, damit wir schließlich die Muße haben, andere Dinge zu tun. Das wäre die Haltung der Klassik, als die Philosophen Sklaven für die Arbeit anstellten, während sie im otium wohnten und der Kontemplation ewiger Wahrheiten frönten. Die Arbeitsdisziplinen sind dieselben, ob sie einfacher manueller Arbeit sind oder die der hochkomplexen Arbeit, durch die wir unseren Lebensunterhalt in der heutigen Gesellschaft verdienen. Die Disziplinen sind vielleicht in manueller Arbeit einfacher zu sehen, und einfache Aufgaben wie Hausarbeit oder Gärtnern können ein Korrektiv für die Überintellektualisierung vieler moderner Arbeit sein. Arbeit muss gut gemacht werden, und die Aufgabe muss erfüllt werden. Die Arbeit selbst erzwingt die Disziplin; unser Teil ist es, sie zu organisieren und zu einem möglichst effizienten Abschluss zu führen.

Auch mit anderen zusammenzuarbeiten, ist eine asketische Disziplin. Als der hl. Benedikt das Kloster als „eine Schule für den Dienst des Herrn"[4] beschrieb, setzte er voraus, dass die im koinobium ein gemeinsames Ziel hatten. Der Einsame von heute wird wahrscheinlich mit solchen zusammenarbeiten, die nicht dieses Ziel haben und die wohl bestimmt eine andere Haltung zur Arbeit haben. In dieser Situation treu zu sein, stellt unser Gebet auf die Probe. Der schon erwähnte Barsanuphius antwortet einem jungen Mann, der sich darüber beschwerte, dass er den ganzen Tag so sehr beschäftigt wäre, dass es ihn davon abhielt, sich an Gott zu erinnern, folgendes: „Es kann passieren, ein Mann hat viel von einer gewissen Stadt gehört. Aber als er dorthin kommt, wird er sich nicht bewusst, dass dies dieselbe Stadt ist, von der er so viel gehört hat. So ist es mit dir, Bruder. Den ganzen Tag lang erinnerst du dich an Gott, ohne es zu merken. Mit der Bedeutung von Gehorsam und der Erinnerung an Gott verhält es sich wie mit einem Gebot, das wir einzuhalten versuchen, als wenn es von Gott kommt."[5] Gute Gewohnheiten und Arbeitsdisziplin spiegeln sich in der Arbeit unseres Gebetes, unseres Hörens auf Gott wieder.

Der Einsame ist jemand, der zum Leben des Gebets berufen ist. Das bedeutet nicht, lange Zeiten auf den Knien zu verbringen (zum Beten sowieso die unbequemste Haltung). Das Gebet des Einsamen ist eine immerwährende Hinwendung zu Gott, wie die Kompassnadel, die immer wieder zum wahren Norden zurückpendelt. Die Disziplin dieses Lebens sollte die Zielstrebigkeit hervorbringen, die Gott als Mitte unseres Seins und als Ziel unserer Aktivität erachtet. Es ist ein Leben in Einheit mit Gott, mit einer tiefen und stillen Mitte unter den Stürmen, die oben toben.

Diese Einheit wird selten über Nacht erreicht. Thomas Merton stellt es so dar: „Es ist eine Angelegenheit des Wachstums, der Vertiefung und einer immer größer werdenden Hingabe an die schöpferische Auswirkung von Liebe und Gnade in unseren Herzen."[6] Genauso wie zwei Menschen, die sich lieben, lange Zeit zusammen verbringen können, ohne ein Wort zu sprechen, so kann es im Gebet sein. Aber zu anderen Zeiten sollte man sein Gebet mit Lesung aus der Bibel und aus Werken von jenen, die in der Vergangenheit diesen Weg vor uns gegangen sind, füttern. Die alte Methode der lectio divina beinhaltete meditatives Lesen der Bibel und anderer Werke, ein langsames Betrachten oder Zerkauen dessen, was sich beim Lesen des Textes offenbarte. Der Führer in solchen Angelegenheiten sowohl für die Wahl als auch für die Offenbarung ist der Geist. Solch eine Gewohnheit hilft, eine Grundlage und ein Klima für sein Gebetsleben zu schaffen, nämlich für den andauernden inneren Dialog mit Gott.

Solch ein Gebetsleben ist die stille Mitte im normalen täglichen Leben. „Der betet unaufhörlich," sagt Origenes, „der Gebet mit notwendigen Pflichten verbindet und Pflichten mit Gebet. Nur so können wir es ermöglichen, der Anforderung von Paulus nachkommen, immer zu beten (1 Thess 5,17). Das immerwährende Gebet besteht darin, die ganze christliche Existenz als ein einziges großes Gebet zu betrachten. Was wir gewohnt sind, Gebet zu nennen, ist nur ein Teil davon."[7]

Man nähert sich Gott mit leeren Händen. Wir bringen nichts als uns selbst und unsere eigene Armut und dass wir Gottes bedürftig sind. Im Angesicht Gottes unsere ganze Nichtigkeit zu merken, ist Gottes Geheimnis und unendliche Größe anzuerkennen. Hören statt Sprechen ist unsere Aufgabe. Das Gebet des Einsamen besteht nicht aus vielen Worten. Abbas Macarius sagte: „Viel Reden ist nicht nötig. Was wir brauchen ist allein, unsere Hände auszustrecken und zu sagen: 'O Herr, was du willst und was dir gefällt, so sei es.' Aber wenn Probleme und Mühen dich anfallen, musst du sagen: 'Gott hilf mir!', denn Gott weiß, was du wirklich nötig hast."[8]

Diese Art Gebet ist ins tägliche Leben gewebt, eine immerwährende Wahrnehmung unserer Abhängigkeit von Gott. Das ist keine kindische Verneinung von Verantwortung für unser eigenes Wohl, sondern eine lebhafte Wahrnehmung dessen, was uns fehlt.

Die Einfachheit des Gebets des Einsamen beinhaltet nicht intellektuelle Konzepte oder schöne literarische Ausdrücke. Der kleine englische Klassiker aus dem 14. Jahrhundert „Die Wolke des Unwissens", der für einen Einsiedler geschrieben ist, schildert ein solches einfaches Gebet als „diese sich blind ausstreckende Liebe zu Gott selbst; diese geheimnisvolle Liebe ist es, die die Wolke des Unwissens bedrängt"[9], die also mit der Finsternis, die zwischen uns und Gott ist, fertig wird. Die Fantasie würde damit beschäftigt sein, diese Finsternis mit Ideen, Erinnerungen, Plänen für den Tag zu füllen; aber das soll alles völlig ignoriert und der Finsternis überlassen bleiben. Vielmehr muss Aufmerksamkeit auf einen Punkt jenseits des Lärms des Verstandes eingestellt werden. „Mit dem spitzen Speer sehnsuchtsvoller Liebe vertreibst du sie", so schreibt der Autor der „Wolke" weiter, „diese Wolke des Unwissens zwischen dir und Gott. Lass es, über irgendetwas nachzudenken, das weniger ist als Gott, und überhaupt nichts soll dich von diesem Ziel abbringen."[10] Die Arbeit des Gebets ist „im Grunde eine bloße Absicht, nichts anderes als die zielstrebige Intention des Geistes, der auf Gott allein ausgerichtet ist. Ich nenne es ‚zielstrebig', weil in dieser Angelegenheit der vollkommene Lehrling weder wünscht, dass ihm Schmerzen erspart bleiben, noch dass er großzügig belohnt wird; tatsächlich bittet er allein um Gott selbst. So sorgt er sich nicht darum, traurig oder glücklich zu sein, sondern nur darum, dass der Wille dessen, den er liebt, erfüllt wird. Und so kommt es, dass Gott ganz und gar geliebt wird um seinetwillen, über seine Schöpfung hinaus."[11]

Es dürfte klar geworden sein, dass diese Art von Gebet nicht von Zeiten und Orten abhängig ist, aber zu unserem modernen Leben passt sie vorzüglich. Die „zielstrebige Ausrichtung" kann den ganzen Tag über durchgehalten werden, egal in welche Arbeit oder anderen Aktivitäten wir verwickelt sind. Wie bei einem Liebespaar sind manchmal Treffen nötig; der spitze Speer sehnsuchtsvoller Liebe muss uns zu Bewusstsein kommen. Dafür gibt es viele Gelegenheiten, wenn wir alleine sind, obwohl vielleicht nicht physisch allein. Zur Arbeit fahren, Spazieren gehen, Mittagessen, all das kann ein Teil einer Zeit inneren Schweigens sein. Das Geheimnis ist, nie Zeit verstreichen zu lassen, ohne einen Blick auf Gott zu werfen, und sei es nur vielleicht für ein oder zwei Minuten. So wird unser ganzes Leben in unser Gebet verwoben.[12]

Solch ein Gebet kann nie eine Ware sein. Unser Verhältnis zu Gott ist keine Handelsbeziehung, in der wir etwa durch Anhäufung von Petitionen und Fürsprachen für die Bedürfnisse der Welt unseren Lebensunterhalt verdienen. Wir würden damit, so der Autor von „The Hermitage Within", unsere Begegnungen mit Gott in Businessmeetings verwandeln.[13] Das Gebet ist nicht um irgendetwas willen da, sondern es geht ihm allein darum, dass Gottes Liebe, Wille und Absichten in der Welt geschehen; und zu beten heißt, sich dieser Liebe, diesem Willen und dieser Absicht zu öffnen. So oft wir Gott nicht Gott sein lassen, sondern unsere Zeit damit verbringen, darum zu bitten, was nach unserer Meinung die Welt braucht, stellen wir unsere eigenen Ideen, also uns selbst vor das, was Gott von uns will. Gott lehrt dem Herzen, sagt der französische Schriftsteller de Caussade, nicht durch Ideen, sondern durch Schmerzen und Widersprüche.[14] Unsere eigenen Ideen aufzugeben, ist die bedingungslose Kapitulation.

Diese Loslösung von unserem eigenen Willen ist die letzte Stufe in einem langen Prozess. Wie wir gesehen haben, beginnt man, ohne sein wirkliches Selbst zu kennen, indem man sich als einen Reflex in den Spiegeln der Achtung Anderer wahrnimmt. Wenn wir lernen, die Spiegelhalle zu verlassen, lösen sich die Fata Morganas einzelner Bilder auf, und man beginnt, sein wahres Gesicht zu sehen. Vieles davon wäre sonst durch die eidoles verborgen geblieben. Das sind die falschen Bilder und Illusionen, und man sah bisher nichts anderes. Die Dämonen der Wüste waren die Personifikationen dieser falschen Bilder, die Versuchungen und Täuschungen des menschlichen Herzens, die man demaskieren und denen man begegnen muss. Wie die Wüstenmönche wussten, war dies ein langer und mühsamer Kampf, in dem die größte Waffe Demut ist,[15] nämlich der Wille, sich selbst als nichts, als einen Anfänger und Lernenden in Gottes Schule zu betrachten.[16]

Hier gibt es keine einfachen Straßen, keine Abkürzungen, auch keine Sonderangebote oder Schnäppchen. Um die Perle des großen Preises zu gewinnen, muss man alles, was man hat, geben, ohne einen Teil für sich selbst zurückzuhalten wie Hananias und Saphira (Apg 5,1ff). Man wird von Gott nur in dem Maße gefüllt, wie man sich selbst leert. Das ist ein langer Weg, auf dem man viele Jahre langläuft; ein Vorankommen wird von dem Verlangen des Reisenden und Pilgers abhängen, und von der Läuterung dieses Verlangens. Es wäre allzu leicht, die Zeit in Tavernen am Weg und anderen vergnüglichen Ablenkungen zu verbringen; die Aufgabe ist, all die Hindernisse auf dem Pfad, die uns vom Weiterreisen abhalten, zu entdecken.

Es gibt keinen anderen Weg als den, die Dämonen unseres eigenen Herzens zu entdecken und sie zu demaskieren. Dies ist eine Stufe, auf der wir unsere eigene wahre Identität finden. Das Gesicht, das uns vom Spiegel anblickt, ist voll von Makeln und Fehlern, die wir im Lichte Gottes, in dem keine Täuschung ist, immer klarer wahrnehmen. Wenn wir uns selbst sehen können wie Gott uns sieht, dann leben wir in der Wahrheit.

Aber jenseits des Spiegels liegt eine weitere Reise vor uns. „Er muss zunehmen, aber ich muss abnehmen." (Joh 3,30). Es gibt einen Spruch von Antonius, der sinngemäß besagt, dass der vollkommene Mönch der sei, der nicht weiß, dass er betet. Das deutet darauf hin, dass das eigene Gesicht verschwindet, wenn man ein Leben in Einheit mit Gott lebt. Es ist ein verborgenes Leben, wo das „Ich" sich auflöst.[17] Diese Einheit war natürlich von Beginn an, vom ersten Ruf, einsam zu sein, da; jetzt hat sie sich vertieft.

Das Gebet des Einsamen ist eine Angelegenheit von unentwegter Vereinfachung. Wenn wir die Wünsche unseres Egos zu befriedigen suchen, wenn wir davor fliehen, dass Gott kein materielles Ding ist, dann ist das eine Sackgasse, in die wir getappt sind, und davon lernen wir. Vereinfachung ist Einheit, ist eine Eigenschaft, auserwählt und einzig zu sein und vollkommen im Plan Gottes zu ruhen. Gebet wäre dann eine Angelegenheit, die Fenster zu Gott hinein zu öffnen und einfach Gottes Gegenwart in der Welt wahrzunehmen. Dieser Treffpunkt ist auch ein Standpunkt, ein Ort, von dem man nicht versetzt werden kann, ein Ort der Vision, der von der Propaganda der Welt und den Techniken der Überredungsindustrie nicht überschattet ist. Es ist ein Ort, der einen gewissen Schutz und Freiheit ermöglicht.

Die Welt braucht Einsame, jene die fähig sind, außerhalb der politischen, religiösen oder sozialen Systeme der Welt zu stehen und sie kühl zu betrachten. Gottes geheimnisvolle Transzendenz, von der der Einsame ein Überbringer und Träger ist, ist immer jenseits der Systeme der Welt. Doch Gott ist immer in der Welt bei der Arbeit; und der Einsame ist beides, Zeuge und Werkzeug für Gottes Frieden und Gerechtigkeit, die die Welt zurückweist.

Anmerkungen

1. Writings from the Philokalia on Prayer of the Heart, a.a.O., p. 351, Kleine Philokalie, a.a.O., S. 163
2. Regel des Hl. Benedikt, a.a.O., 31,10.
3. ebd., 48.,8 B. Miller, Weisung der Väter, a.a.O., S. 115 f (317): „Wenn du ein Mensch bist, dann musst du arbeiten."
4. Regel des Hl. Benedikt, a.a.O., Prolog, 45
5. Writings from the Philokalia on Prayer of the Heart, a.a.O., p. 364
6. Th. Merton, The Asian Journal, a.a.O., p. 296 (Appendix I, September 1968, Circula Letter to Friends)
7. Origenes, Vom Gebet, a.a.O., XII., 2.
8. Rosweyde, Vitae Patrum, III.207., B. Miller, Weisung der Väter, a.a.O., S. 168 (472)
9. The Cloud of Unknowing, a.a.O., Chap. 9
10. ebd., Chap. 12
11. ebd., Chap. 24
12. „… keine Trennung zwischen täglicher Aktivität (Beruf, lästige Pflichten wie Abwasch, shoppen gehen…) und Gebet, Anbetung od. sich-an-Gott-erinnern", in: M. Sinetar, Ordinary People as Monks and Mystics, a.a.O., p. 79
13. The Hermitage within, a.a.O., p. 87, Ein Einsiedlermönch, wo die Wüste blüht, a.a.O., S. 96
14. J. P. de Caussade, Self-Abandonment to Divine Providence, a.a.O., Chap. 2, section 2.
15. B. Miller, Weisung der Väter, a.a.O., S. 115 (314)

16. Und so finden wir uns da wieder, wovon das deutsche Kindergebet in seiner Naivität zeugt, oder? (Ich bin klein, mein Herz mach rein, soll niemand drin wohnen als Jesus allein.) WAL

17. Vgl. J. Cassian, Collationes Patrum, Unterredungen mit den Vätern, a.a.O. IX, 31

Kapitel 12

Kontemplatives Leben

Der Pfad des Einsamen, dessen wesenhafte Trennung von der Gesellschaft bedeutet, dass er ganz anders ist als die meisten wahrnehmen, liegt im Verborgenen und Unbekannten. Er ist wie Bergsteigen mit Seilen und Eispickel, wenn man jeden Tritt erst herausschlagen muss, nicht etwa wie ein sanfter Spaziergang auf ebenen ausgetretenen Pfaden. Denn er ist immer ein Abenteuer in neues Land, auch wenn die Landmarken des spirituellen Lebens durch die großen Reisenden der Vergangenheit längst beachtet worden sind. Die Welt ist dieselbe, die man immer gekannt hat, aber irgendwie ist man ihr gegenüber ein Fremder geworden, ein Fremder und Pilgrim auf der Erde. Das Gefühl von Getrenntsein, das immer dagewesen sein mag, wird einem nun bewusst.

Der Einsame hat immer an den Rändern zu leben, mit den Fragen und der Ungewissheit, mit dem Nichtwissen, und zufrieden zu sein, dort zu leben. Die Welt weist diese Art Leben zurück, sie sucht immer Antworten und Gewissheiten, schwarz und weiß. Der Einsame jedoch hat in Ungewissheit und Unsicherheit auszuharren, in einer Welt ohne Schildchen; er wird nicht sesshaft an einem bestimmten Ort oder in dogmatischen Antworten und Erläuterungen, welche um die geheimnisvolle Gegenwart Gottes in der geschaffenen Welt Linien ziehen. Gott ist gegenwärtig im dynamischen und geheimnisvollen inneren Dialog, der andauert. Was teilweise ergriffen und verstanden ist, wird immer wieder überwältigt durch das was größer ist.[1] Es gibt keine Antworten, die angemessen wären.

Als ein Träger der Transzendenz weist der Einsame auf das Mysterium am Herzen des Lebens hin. Weil es jenseits von Worten ist, hat dieses Mysterium keine Erklärung; es ist einfach nur. So teilt auch der Einsame Gottes wesenhafte Unverständlichkeit; die, mit denen er wohnt, verstehen ihn nicht, selbst er sich nicht. Wer an den Rändern wohnt ist derjenige, der das Ansammeln von Weltwerten fallen lässt und eine andere Währung hat. Der Randbewohner hat keine Besitztümer im Land.

Der Einsame ist derjenige, der durch beschwerliche Pfade gelernt hat, ohne Stützen zu leben; ohne die Stützen, die andere zur Verfügung stellen, seien es die Stützen der Selbstbestätigung, der emotionalen Unterstützung oder die Rückversicherung, dass man den richtigen Weg geht. Selbst das Vertrauen auf die religiösen Praktiken, die einmal solchen Trost erbrachten, muss verschwinden. Man verlässt die breiten grünen Pfade und wendet sich steilen und rauen zu. Was manchem leer und überhaupt nicht handfest vorkommt, das ist dem Einsamen echt.

An diesem Ort der Verständnislosigkeit muss der Einsame zufrieden sein, dass er seine Existenz in Einsamkeit selbst nicht versteht, dass er der Welt gegenüber kein Gesicht zeigt, dass er keine deutlich erkennbare Identität annimmt, nicht mal einen Namen, mit dem die Welt zurechtkommen könnte. Für die Welt bleibt der Einsame ein Rätsel, ein Außenseiter ohne deutlich erkennbare Identität.[2]

Der Einsame ist ein Zeichen des Widerspruchs und ein Zeichen, das Widerspruch hervorruft. Gott ist die Mitte der Existenz, und das Leben des Einsamen wird als totale Antwort auf Gott gelebt. Solche Zielstrebigkeit wird jenen unverständlich sein, die nicht von der äußersten Transzendenz Gottes ergriffen worden sind und die sich unwohl fühlen oder herausgefordert durch solch eine Antwort. Die Welt lehnt diese Andersartigkeit Gottes ab, das äußerste

Mysterium, das jeder Benennung oder Etikettierung trotzt und sich widersetzt, wenn es zu einem Artikel gemacht werden sollte. Solch ein Gott umgekehrt stellt die Dinge, von denen die Menschen leben, in Frage, ihre Werte und ihre Prioritäten. Die Antwort der Welt auf solch eine Herausforderung ist Zurückweisung und Kreuzigung. Der Weg des Einsamen ist eine Nachfolge des Gekreuzigten und ein Ertragen der Qualen der Welt.

Der Pfad des Einsamen ist still und verborgen. Der Einsame hat keinen Wert und kein Amt, kein sichtbares Zeichen, nicht mal eine Vision von sich selbst als Einsamer, etwa eine stille Selbstzufriedenheit mit seiner Lage. Wir bleiben immer unvollkommen, nach weltlichen Standards Versager, auf Gottes Erbarmen geworfen und dürstend nach Gottes Gnade, nur wartend, mit leeren Händen.

Das Dasein des Einsamen als Geheimnisträger ist selbst geheimnisvoll. Wir wünschen nichts außer Gott[3], wir haben nichts außer was uns gegeben ist. Wie Paulus es darstellt (2 Kor 4,7): der Schatz, der uns gegeben ist, ist in Gefäßen von gewöhnlichem Lehm enthalten, nicht in irgendwas Großartigem. Gewöhnlicher Lehm bricht leicht, ist bescheiden und ohne Wert.

Die Führung des Einsamen ist meist innerlich, und man lernt mit der Zeit darauf zu vertrauen. Gewisse Aktionen, gewisse Deutungen werden mit einem Nachdruck gegeben, der sich selbst als echt erweist. Wenn man solche Dinge verweigert, kommen sie oft in anderer Form wieder, bis sie vollkommen klar werden.

Das Leben des Einsamen ist ein Leben der Hingabe an Gottes Plan, indem man lernt, von Gott allein abhängig zu sein und nicht von der eigenen Kompetenz. Diese Haltung zu lernen, geht nicht ohne Mühe ab. Wie Jakob an der Furt kämpfen wir mit einem unbekannten Widersacher in der Dunkelheit. Es wird wirklich von einem erwartet, die eigenen

Ideen zu opfern, ebenso das Gefühl eigener Kompetenz und immer Meister der Situation zu sein, was einem ein gewisses Maß an Erfüllung auf eigenem Feld gegeben hatte. Was nicht bleiben darf, ist der Sinn vom eigenen Wert, den die Übung in Demut schon beträchtlich vermindert haben mag, so dass man schon meint, auf alles vorbereitet zu sein. Aber nun wird uns möglicherweise selbst die gewöhnliche Fähigkeit, das eigene Leben zu managen, die tägliche Kompetenz, Situationen zu meistern, weggenommen. Wie ein Korken auf dem Meer bewegt man sich auf und nieder, ohne Idee von Richtung oder Zweck. Alles ist weggenommen, manchmal Stück für Stück, und manchmal in der Art, die einen wie die hl. Teresa sagen lässt: „Kein Wunder, Herr, dass du so wenig Freunde hast, wenn du sie so behandelst."

Durch solche schmerzlichen Pfade lernt man, dass Gottes Wege nicht unsere Wege sind, und dass „die Wolke des Nicht-Wissens", in die wir eingehüllt sind, dazu da ist, uns diese Tatsache beizubringen. Anders als ein Kind in Mutters Arm, das abgesetzt werden will, um auf eigenen Füßen zu gehen, lernen wir, aufzuhören uns zu wehren. Und wir erlauben uns selbst, friedlich getragen zu werden, in der Weise wie Gott es für uns vorhat. Was diese Absichten sind, wird sich in rechter Weise offenbaren, freilich nicht in einer Weise, die ergriffen werden könnte, doch in Dingen, die passieren. Türen werden zu neuen Möglichkeiten geöffnet, Entscheidungen für uns getroffen.

Die Opfer sollen nur wir allein bringen. Keiner wird ein echter Einsamer auf Kosten eines Anderen, und menschliche und persönliche Beziehungen müssen nach wie vor unterhalten werden. Katharina von Siena wurde gesagt: „Achte auf meine Angelegenheiten, Tochter, und ich will für deine sorgen". Diese Haltung belässt Gott in der Mitte aller Dinge; die Selbstversorgung des Einsamen, wie sie durch die alten Wüstenmönche geübt wurde, ist ein Ausdruck von Abhängigkeit von Gott allein, und nicht von der Unterstützung und Berücksichtigung anderer Menschen. Dieses Auf-Gott-Zentriert-Sein machte sie fähig, anderen gegenüber mit größter Güte aufzutreten. Wenn das Leben des Einsamen nicht mit Freude gefüllt ist (nicht gerade mit Glück, das etwas Kurzlebiges im menschlichem Leben ist), dann ist es nicht mit Gott erfüllt.

Für den hl. Franziskus war vollkommene Freude eine Identifikation mit dem Gekreuzigten. Das Kreuz ist der Ort des Friedens und der Versöhnung. Der Einsame steht im Herzen des Kampfes, als ein Medium von Gottes Frieden und Einheit. Die Welt ist ein Ort des Konflikts; der Einsame hat sich nicht etwa dem menschlichen Kampf entzogen, sondern steht im Herzen davon. Gibt es einen einsameren Ort als das Kreuz! Das Kreuz ist die geheimnisvolle erlösende Gegenwart Gottes im Herzen der geschaffenen Welt.

Der Einsame hat keine Identität und selten ein erkennbares Amt. Die Berufung des Einsamen zwingt ihn in die Stille, in die Armut und in die Leere, was der modernen Welt fremd ist. Das einsame Leben ist prophetisch, den Werten der Gesellschaft zuwider. Solch ein Leben hat kein Ziel oder Ehrgeiz, keine Absicht, etwas zustande zu bringen; es ist ein Leben im Gehorsam einer inneren Stimme gegenüber. In einer Gesellschaft, in der alles an ihrem Verkaufswert oder an ihrer Nützlichkeit gemessen wird, ist das Leben des Einsamen beides, wert-los und un-produktiv.

Der Einsame, der nichts besitzt, der mit leeren Händen dasteht, ist zu einem Leben des Gebets berufen. Gebet wird heute oft als eine Angelegenheit angesehen, Listen aufzuführen, für was man sich alles einsetzen sollte; das Gebet muss nützlich sein und Gott muss aufgerufen werden, die Wunden der Welt zu verbinden. Das Geheimnis von Gottes Absichten muss unserer Aufdringlichkeit preisgegeben werden. Der Einsame hingegen sucht einfach danach, das Leben

Gottes zu betreten: „Warum lange rumreden?" sagt Gregory vom Sinai (14. Jahrhundert), „Das Gebet ist Gott, der alles in allen Menschen wirkt." Einsamkeit ist nicht für irgendetwas da, sondern Teilhabe an der Einsamkeit Gottes.

Doch in einer geheimnisvollen und verborgenen Weise trägt das einsame kontemplative Leben Frucht. In der östlichen Tradition gibt es die Idee der „spirituellen Elternschaft", das Erblühen und Fruchttragen eines Lebens, das ganz Gott übergeben ist. Durch solch ein Leben spricht Gott zu vielen Herzen. Was die Frucht sein mag, ist nur Gott bekannt. Solche spirituelle Elternschaft ist nur möglich, wenn das individuelle „Ich" verschwunden ist; wie in der Geschichte der Verklärung (Mt 17,8) sehen die Jünger niemand außer Jesus allein.

Die Traditionen des einsamen Lebens sind auf den Erfahrungen derjenigen errichtet, die solch ein Leben führen, so wie Pfade von denen erstellt werden, die sie laufen. Zum einsamen Leben beruft nur Gott. Diejenigen, die in jeder nachfolgenden Generation diesen Ruf hören und ihm gehorchen, sind jene, die die Last von Gottes transzendenter Andersartigkeit tragen; und jene Pfade liegen ganz woanders als die geschäftigen Highways und Supermärkte der Welt. Da draußen irgendwo in der Ferne, wo die Straßen auslaufen, an der Felswand, da ist eine kleine einsame Figur mit einem Eispickel.

Anmerkungen

1. „Was ist wirklich?", fragt Anton Tschechow 1894 in: Der schwarze Mönch, Leipzig 1979, S. 291-326. Ist es Krankheit oder Wahnsinn oder etwa religiöse Begegnung, unendliches grenzenloses Glück, sprachlose Schwäche, Traurigkeit, die das Herz zusammenzieht,

süße Freude, Staunen, seliges Lächeln? Nennt man es hasserfüllt Fluch oder freundlich Segen? Heißt es schmerzliche Trennung und Abschied oder Ermunterung zu neuem Aufbruch?

2. Aufschlussreich die Bemerkungen zum Verhältnis des Einsiedlers zur Gesellschaft von S. Tesson in: In den Wäldern Sibiriens, a.a.O., S. 148f: Er bedroht nicht, prangert nicht an, widersetzt sich nicht, hasst seine Gesellschaft nicht, will sie nicht zerstören, aber steht abseits, in höflicher Ablehnung, fragt und sucht. „Er akzeptiert es, im Lauf der Welt nicht ins Gewicht zu fallen und in der Kette von Ursache und Wirkung keine Rolle zu spielen. Seine Gedanken werden den Lauf der Dinge nicht mitgestalten und niemanden beeinflussen. Seine Taten werden nichts bedeuten." ebd., S. 199 . Und doch: „Die Gesellschaft mag Einsiedler nicht. Sie verzeiht ihnen nicht, dass sie fliehen. Sie missbilligt die Achtlosigkeit des Einzelgängers, der den anderen ins Gesicht sagt: ‚Macht ohne mich weiter.' Sich zurückziehen bedeutet, sich von seinesgleichen zu verabschieden. Der Einsiedler leugnet die Bestimmung der Zivilisation, er stellt die lebendige Kritik an ihr dar. Er beschmutzt den Gesellschaftsvertrag. Wie soll man diesen Menschen akzeptieren, der die Grenzen überschreitet…" ebd., S. 56.

3. Nach Thomas Merton haben alle kontemplativen Menschen das gemeinsam: „Sein Wille, der ihnen innerlich die Gnade verleiht und äußerlich ihr Leben lenkt, führt sie mit unfehlbarer Sicherheit dorthin, wo sie Ihn finden können. Doch an diesem Ort angekommen, wissen sie nicht, wie sie dort hingelangt sind und was sie eigentlich tun." in: Michael Haupt, Stundenbuch der Wüste, Zürich 1980, S. 103

Anhang

Lektüre zum Thema

„weltliche" Einsame

- Hans Jakob Christoffel von Grimmelshausen (1622-1676): *Der abenteuerliche Simplicissimus.* Gütersloh 1958

- Daniel Defoe (1660-1731): *Robinson Crusoe.* London 1994

- Jean-Jacques Rousseau (1712-1778): *Träumereien eines einsamen Spaziergängers.* Stuttgart 2012. (Orig.Ausg.: *Rêveries du promeneur solitaire)*

- Samuel Taylor Coleridge (1772-1834): *The Rime of the ancient Mariner.* London 1995

- Friedrich Hölderlin (1770-1843): *Hyperion oder der Eremit in Griechenland.* In: Goldmanns gelbe Taschenbücher. Bd. 429. München 1961. S. 125-246

- Henry David Thoreau (1817-1862): *Walden oder Leben in den Wäldern.* Zürich 2004. (Orig.Ausg.: *Walden or Life in the Woods)*

- *The Wilderness World of John Muir (1838-1914).* Ed. by Edwin Way Teale. Boston 1982

- Henry Beston (1888-1968): *The outermost House. About a Year of life in a small cottage on the Great Beach of Cape Cod.* New York 1985. (First publ. 1928)

- Manfred Hausmann (1898-1986): *Lampioon küsst Mädchen und kleine Birken. Abenteuer eines Wanderers.* Bremen 1928

- W. L. Rusho: *Everett Ruess. A Vagabond for Beauty (1914-1934).* Salt Lake City 2007

- Christiane Ritter (1897-2000): *Eine Frau erlebt die Polarnacht.* Berlin 1991

- Ernst Wiechert (1887-1950): *Das einfache Leben.* München 1939

- Henno Martin (1910-1998): *Wenn es Krieg gibt, gehen wir in die Wüste. Eine Robinsonade in der Namib.* Hamburg 2002. (Erstausg. 1956)

- Bernhard Moitessier (1925-1994): *Der verschenkte Sieg.* Bielefeld 1992. (Orig.Ausg.: *La longue route. 22.8.1968 Plymouth, 21.6.1969 Tahiti*)

- Jack Kerouac (1922-1969): *Alone on a Mountaintop.* In: Lonesome Traveller. pp. 116-130. New York 1972. (Dt. Ausg.: *Allein auf einem Berggipfel.* In: *Allein auf einem Berggipfel.* Reinbek 1996. S. 73-104)

- Ernest Hemingway (1899-1961): *Der alte Mann und das Meer.* Reinbek 1982. (Orig.Ausg.: *The old Man and the Sea*)

- Jon Krakauer (* 1954): *In die Wildnis. Allein nach Alaska. Ein Ausstieg auch um den Preis des Todes.* München 1997. (Orig.Ausg.: *Into the Wild*)

- John Haines (1924-2011): *The Stars, the Snow, the Fire. Twenty-Five Years in the Alaskan Wilderness*. Saint Paul, Minnesota 2000

- Marsha Sinetar: *Ordinary People as Monks and Mystics. Lifestyles for Self-discovery*. New York 1986

- Stephen Gill: *William Wordsworth. A Life*. Oxford 1990

- Anthony Storr: *Solitude*. London 1997

- Ekkehard Saß: *Gut ist es, allein zu sein. Erfahrungen mit Einsamkeit*. Freiburg i. Br. 1987

- Sylvain Tesson (* 1972): *In den Wäldern Sibiriens. Tagebuch aus der Einsamkeit*. München 2014. (Orig.Ausg.: *Dans les forêts de Sibérie)*

christliche Einsame

- *Codex Juris Canonici – Codex des Kanonischen Rechtes (CIC)*. Lateinisch-deutsche Ausg. Kevelaer 1984. Can. 603

- *Silent Pilgrimage to God. The Spirituality of Charles de Foucauld*. By a Little Brother of Jesus. London 1974. (Orig.Ausg.: *Ce Que Croyait Charles de Foucauld)*

- Charles de Foucauld: *Aufzeichnungen und Briefe*. Freiburg i. Br. 1962

- *Heilige Altväter der Gegenwart*. Kloster des Hl. Johannes des Vorläufers (Hrsg.). Chania, Kreta 2007

- Otto F. Meinardus: *Die Wüstenväter des 20. Jahrhunderts. Gespräche und Erlebnisse*. Würzburg 1983

- Freddy Derwahl: *Eremiten*. München 2000

- Serge Bonnet und Bernard Gouley: *Gelebte Einsamkeit. Eremiten heute*. Freiburg i. Br. 1982. (Orig.Ausg.: *Les Eremites*)

- Maria Anna Leenen: *Einsam und allein? Eremiten in Deutschland*. Münster 2006

- Maria Anna Leenen: *Sich Gott aussetzen und standhalten. Eremitisches Leben heute*. Münster 2009

- John Howard Griffin: *Follow the Ecstasy. The Hermitage Years of Thomas Merton*. New York 1993

- Henri J. M. Nouwen: *Ich hörte auf die Stille. Sieben Monate im Trappistenkloster*. Freiburg i. Br. 2001. (Orig.Ausg.: *The Genesee Diary-Report from a Trappist Monastery*)

- Willibald Bösen: *Bericht über die Eremiten von „St. Bruno". Nach 900 Jahren Bruno auf der Spur*. In: Ange Helley: *Bruno von Köln*. Würzburg 1992. S. 89-145

- *A Way of Desert Spirituality. The Plan of Life of the Hermits of Bethlehem*. Chester, New Jersey 1998

- Catherine de Hueck Doherty: *Poustinia. Christian Spirituality of the East for Western Man*. Notre Dame, Indiana 1975. (Dt. Ausg.: *Poustinia. Eine christliche Spiritualität des Ostens für den Westen*)

- Walter Nigg: *Epilog*. In: *Heimliche Weisheit. Mystisches Leben in der evangelischen Christenheit*. Zürich 1992. S. 395-389

zur Berufung Einsamer - ihr mystischer Hintergrund

- M. Lewis: *Ecstatic Religion. An Anthropological Study of Spirit, Possession and Shamanism*. London 1971

- Gustav Schwab: *Die schönsten Sagen des Klassischen Altertums*. Heidelberg 1951

- *Homers Odyssee*. Hrsg. von W. Wiedasch. Stuttgart 1890

- Rudolf Steiner: *Das Christentum als mystische Tatsache und die Mysterien des Altertums*. Dornach 2002

- Olivier Clement: *The Roots of Christian Mysticism*. New City 2015

- Annemarie Schimmel: *Mystische Dimensionen des Islam*. Aalen 1979

- Al-Halladsch: *„O Leute, rettet mich vor Gott". Texte islamischer Mystik*. Übers. u. hrsg. v. Annemarie Schimmel. Freiburg i. Br. 1995

- *Ekstatische Konfessionen*. Gesammelt von Martin Buber. Leipzig 1923

- Jean Steinmann: *Johannes der Täufer*. Reinbek 1960

Anachoreten und Koinobiten

- Athanasius: *Vita Antonii*. Übers. v. Heinrich Przybyla. Graz 1987

- Emma Brunnes-Traut: *Die Kopten*. Köln 1982

- *The Letters of St. Antony the Great*. Transl. and with introduction by Derwas J. Chitty. Oxford 1991

- *Antonius der Große. Stern der Wüste*. Ausgew., übers. u. vorgest. von Hans Hanakam. Freiburg i. Br. 1999

- Derwas J. Chitty: *The Desert a City. An Introduction to the Study of Egyptian and Palestinian Monasticism under the Christian Empire*. Oxford 1977

- Karl Heussi: *Der Ursprung des Mönchtums*. Tübingen 1936

- Peter F. Anson: *The Call of the Desert. The solitary life in the christian church*. London 1964

- *The Lives of the Desert Fathers*. Transl. by Norman Russell. London 1988

- Marcel Driot: *Fathers of the Desert. Life and Spirituality*. Slough 1992

- Jaques Lacarrière: *Die Gottesnarren. Aus dem Leben der Wüstenväter*. Wien 2004. (Orig.Ausg.: *Les hommes ivres de Dieu)*

- Johannes Cassian: *De institutis Coenobiorum. Von den Einrichtungen der Klöster*. 12 Bücher. Kempten 1877

- Johannes Cassian: *Unterredungen mit den Vätern (Collationes Patrum)*. 2 Teile. Übers. u. erl. von Gabriele Ziechler. Münsterschwarzach 2011

- Evagrios Pontikos: *Über die acht Gedanken*. Eingel. u. übers. von Gabriel Bunge OSB. Beuron 2007

- Hermann Hesse: *Der Beichtvater*. In: *Die Romane und die großen Erzählungen*. Bd. 8: *Das Glasperlenspiel*. München 1971. S. 529-567

- W. Bousset: *Apophthegmata Patrum. Studien zur Geschichte des ältesten Mönchtums.* Tübingen 1923

- Bonifaz Miller: *Weisung der Väter. Apophthegmata Patrum.* Freiburg i. Br. 1965

- *Sayings of the Desert Fathers. The Alphabetical Collection.* London 1983

- Thomas Merton (1915-1968): *The Wisdom of the Desert. Sayings from the Desert Fathers of the Fourth Century.* New York 1970

- Daniel Hell: *Die Sprache der Seele verstehen. Die Wüstenväter als Therapeuten.* Freiburg i. Br. 2002

- Daniel Hell: *Leben als Geschenk und Antwort. Weisheiten der Wüstenväter.* Freiburg i. Br. 2005

- Anselm Grün: *Geistliche Begleitung bei den Wüstenvätern.* Münsterschwarzach 2002

- Anselm Grün: *Der Himmel beginnt in dir. Das Wissen der Wüstenväter für heute.* Freiburg i. Br. 2006

- Anselm Grün: *Der Weg durch die Wüste. 40 Weisheitssprüche der Wüstenväter.* Münsterschwarzach 2001

- Anselm Grün: *Herzensruhe. In Einklang mit sich selber sein.* Freiburg i. Br. 1998

- Reinhard Deichgräber: *Von der Weisheit der Väter.* Gießen 2004

- Freddy Derwahl: *Die Lebenskunst der Wüstenväter.* München 2005

- *The Desert of the Heart. Daily Readings with the Desert Fathers.* Ed. by Benedicta Ward. London 1988

- A. Veilleux*: Pachomian Koinonia.* 3 vols. Kalamazoo, Michigan 1980

- Fidelis Ruppert: *Das pachomianische Mönchtum und die Anfänge klösterlichen Gehorsams.* Münsterschwarzach 1971

Heilige und Orden

- *Der Brief an Diognet.* In: *Die Schriften der apostolischen Väter.* Kempten 1869. S. 413-440

- Eusebius Pamphili: *10 Bücher der Kirchengeschichte.* In: *Auserwählte Schriften des Eusebius Pamphili.* Bd. 1. Kempten 1870. S. 11-608

- Eusebius von Cäsarea*: Kirchengeschichte.* München 1989

- *Der Brief des Ignatius von Antiochien an die Römer.* In: *Die apostolischen Väter.* Kempten 1918. S. 136-141

- *Origines, ein Mönch vor dem Mönchtum.* In: *Atlas des Mönchtums.* Hrsg. von Juan Maria Laboa. Hamburg 2007. S. 30f

- Origines*: Vom Gebet.* In: *Des Origines Schriften vom Gebet.* München 1926. S. 8-147

- *„Elijanische" Wüstenspiritualität des Karmel.* In: Gisbert Greshake: *Spiritualität der Wüste.* Innsbruck 2002. S. 119-134

- *Die Gemeinschaften des Karmel.* Hrsg. von Günter Benker. Mainz 1994

- Kees Waaijman: *Der mystische Raum des Karmels. Eine Erklärung der Karmelregel.* Mainz 1997

- Augustinus: *Bekenntnisse (Confessiones).* Übers. von J. Bernhart. Frankfurt 1959

- Sulpicius Severus: *Vita sancti Martini – Das Leben des heiligen Martin.* Lateinisch/Deutsch. Stuttgart 2010

- Anselm Grün: *Benedikt von Nursia (480-547).* Münsterschwarzach 2004

- *Die Regel des Hl. Benedikt.* Hrsg. von der Salzburger Äbtekonferenz. Beuron 1990

- Bernardin Schellenberger: *Die Stille atmen. Leben als Zisterzienser.* Stuttgart 2005

- Mark Galli: *Franz von Assisi und sein Werk (1182-1226).* Freiburg i. Br. 2008. (Orig.Ausg.: *Francis of Assisi and his World*)

- *Die Blümlein des Hl. Franziskus (Fioretti).* Eingel. u. i. d. Übers. bearb. von Joh. Schneider OFM. In: *Franziskus-Quellen.* Bd. 1. Kevelaer 2009. S. 1333-1438

- Lazaro Iriarte OFMCap: *Der Franziskusorden. Handbuch der franziskanischen Ordensgeschichte.* Altötting 1984

- Ramon Llull: *Die Kunst, sich in Gott zu verlieben.* Ausgew., übertr. u. erl. von Erika Lorenz. Freiburg i. Br. 1985

- Robin Bruce Lockhart, *Botschaft des Schweigens. Das verborgene Leben der Kartäuser.* Würzburg 1987 (Orig.Ausg.: *Halfway to Heaven. The Hidden Life of the Sublime Carthusians*)

- Willibald Bösen: *Auf einsamer Straße zu Gott. Das Geheimnis der Kartäuser.* Freiburg i. Br. 1995

- E. M. Thompson: *The Carthusian Order in England.* London 1930

- Walter Nigg: *Geheimnis der Mönche.* Zürich 1953

- Johannes Boldt: *Johannes vom Kreuz. Sein Leben in Kontemplation und Aktion.* Mainz 1990

- Elisabeth Münzebrock: *Teresa von Avila.* Freiburg i. Br. 2004

- Katharina von Siena: *Gespräch von Gottes Vorsehung.* Einsiedeln 1964

- Jean-Francois Six: *Theresia von Lisieux.* Freiburg i. Br. 1978

monastisches (Wander-) Leben mit keltischem Hintergrund

- E. G. Bowen: *Saints, Seaways and Settlements in the Celtic Lands.* Cardiff 1977

- Eleanor Duckett: *The Wandering Saints.* London 1959

- Adomnán of Iona: *Life of St. Columba.* London 1995

- Kuno Meyer: *Selections from Ancient Irish Poetry.* Edinburgh 1928

- E. G. Bowen: *The Settlements of the Celtic Saints in Wales.* Cardiff 1954

- David H. Williams: *The Welsh Cistercians*. 2 vols. Caldey Island 1984

- Beda der Ehrwürdige (672/673-735): *Kirchengeschichte des englischen Volkes*. Darmstadt 1997

- John Ryan S. J.: *Irish Monasticism. Origins and Early Development*. Dublin 1931

Eremiten, Anchoriten, Reklusen

- Francis Rice: *The hermit of Finchale. Life of St. Godric*. Edinburgh 1994

- Richard Rolle: *The Fire of Love*. Transl. and introduction by Clifton Wolters. London 1981

- Julian of Norwich: *Revelation of Divine Love*. Introduction by A. C. Spearing. London 1998

- Rotha Mary Clay: *Hermits and Anchorites of England*. Memphis, Tennessee 2010. (First publ. 1914)

- H. White: *Ancrene Wisse. Guide for Anchoresses*. Transl. by Bella Millet. Exeter 2009

- Aelred of Rievaulx: *De Institutione Inclusarum*. Transl. by J. Ayto and A. Barratt. Early. Oxford 1984

- Josef Krasenbrink: *Hildegard und Bingen*. Schriftenreihe des Hildegard-Forums. 1997, Nr. 1

- Heinrich Güttenberger: *Die Einsiedler in Geschichte und Sage*. Wien 1928

- Ernst Benz: *Die protestantische Thebais. Zur Nachwirkung Markarios des Ägypters im Protestantismus des 17. u. 18. Jhds. in Europa und Amerika.* Wiesbaden 1963 (Abhdlg. der Geistes- u. Sozialwissenschaftl. Kl. 1963. No. 1)

Gebete und Meditationen von Einsamen

- William of St. Thierry: *The Golden Epistle. A Letter to the Brethren at Mont Dieu.* Abbey of Gethsemani, Kentucky 1971. (First publ. 1145)

- *The Cloud of Unknowing* (14th Century). Transl. into modern English and introduction by Clifton Wolters. London 1971

- *Die Wolke des Nichtwissens.* Einsiedeln 1983

- Walter Hilton (1340-1396): *The Scale of Perfection.* London 1992

- Johannes vom Kreuz (1542-1591): *Die lebendige Liebesflamme.* Freiburg i. Br. 2000

- Johannes vom Kreuz: *Im Dunkel das Licht. Auswahl aus seinen Werken.* Übers. u. eingel. von Irene Bohn. Einsiedeln 1978

- *The collected Works of St. John of the Cross.* Washington, D.C. 1979

- Johannes vom Kreuz: *Weisheit und Weisung. Die Aphorismen und andere Kurzprosa.* Übers. u. erl. von Erika Lorenz. München 1997

- Augustin Baker (1575-1641): *Holy Wisdom, directions for the prayer of contemplation*, ed. by N. Sweeney, first publ. London 1876, reprint Delhi 2018

- Brother Lawrence (1608-1691): *The Practice of the Presence of God. The spiritual Maxims*. Grand Rapids, Michigan 2007

- Bruder Lorenz von der Auferstehung: *Allzeit in Gottes Gegenwart*. Schwarzenfeld 2005

- Jean-Pierre de Caussade (1675-1751): Self-abandonmend to Devine Providence. New York 2010. *Hingabe an Gottes Vorsehung*. Zürich 1981. (Orig.Ausg.: *L' abandon à la providence divine)*

- Augustin Guillerand (1877-1945)*: They speak by silences.* Transl. from the French by a Monk of Parkminster. London 1980. (First publ. 1955)

- Augustin Guillerand: *Im Angesicht Gottes. Gebetserfahrungen eines Kartäusermönchs*. Würzburg 1989. (Orig.Ausg.: *Face a Dieu)*

- Thomas Merton: *Meditationen eines Einsiedlers*. Zürich 1979. (Orig.Ausg.: *Spiritual Direction and Meditation)*

- Thomas Merton: *The Asian Journal*. London 1974

- Thomas Merton: *Im Einklang mit sich und der Welt*. Zürich 1986. (Orig.Ausg.: *Contemplation in a World of Action)*

- *The Hermitage within. Spirituality of the Desert*. By a monk. London 1977. (Orig.Ausg.: *L'ermitage)*

- *Wo die Wüste erblüht*. Von e. Einsiedlermönch. München 1984. (Orig.Ausg.: *L'ermitage)*

- Ein Mönch der Ostkirche: *Aufblick zum Herrn. Zwiege-spräch mit dem Erlöser.* Basel 1961. (Orig.Ausg.: *Jésus, simples regards sur le sauveur*)

- Antoine de Saint-Exupéry: *Gebete der Einsamkeit. Aus: Die Stadt in der Wüste (Citadelle).* Düsseldorf 1956

eremitisches (Wander-) Leben mit orthodoxem Hintergrund

- Nikolaj Leskov (1831-1895): Der verzauberte Pilger. Reinbek 1961

- Igor Smolitsch: *Leben und Lehre der Starzen.* Freiburg i. Br. 2004

- *Aufrichtige Erzählungen eines russischen Pilgers.* Hrsg. von Reinhold von Walter. Freiburg i. Br. 1961

- *Kleine Philokalie. Betrachtungen der Mönchsväter über das Herzensgebet.* Einl. von Igor Smolitsch. Düsseldorf 1997

- *Writings from the Philokalia on Prayer of the Heart.* London 1951

- Michael Evdokimov: *Russische Pilger. Vagabunden und Mystiker.* Salzburg 1990

- Schimonach Ilarion: *Auf den Bergen des Kaukasus. Gespräch zweier Einsiedler über das Jesus-Gebet.* Salzburg 1991

- Erhart Kästner: *Stundentrommel vom heiligen Berg Athos.* Frankfurt 1974

- Heinz Nußbaumer: *Der Mönch in mir. Erfahrungen eines Athos-Pilgers für unser Leben.* Graz 2006

- Martin Tamcke: *Achtsamkeit in jedem Atemzug, Einführung in die ostkirchliche Spiritualität.* Kevelaer 2007

Eremiten und Bettelmönche mit buddhistischem oder hinduistischem Hintergrund

- Hermann Hesse: *Siddhartha.* München 1974

- Henri Le Saux: *Das Geheimnis des heiligen Berges, als christlicher Mönch unter den Weisen Indiens.* Freiburg 1989

- Martin Kämpchen: *Franziskus lebt überall. Seine Spuren in den Weltreligionen.* Würzburg 2002

- Master Han Shan: *Wer loslässt hat zwei Hände frei. Mein Weg vom Manager zum Mönch.* Köln 2011

Eve Baker

wurde 1922 geboren und wuchs in Cardiff, Süd-Wales, auf. Ihr Leben verlief nicht in den konventionell anerkannten Bahnen: Sie besuchte Kunsthochschulen sowohl in Cardiff als auch in London. Die hier erworbenen Fähigkeiten konnte sie zunächst beim Verlag Pitman Books anwenden, wo sie Buchcover entwarf und illustrierte.

Bereits während ihrer zweiten Ehe begann sie viel Zeit in der örtlichen Gemeinde zu verbringen. Im Laufe der Jahre wurden religiöse Suche und Beschäftigung mit Spiritualität immer mehr zum Hauptanliegen ihres Lebens. Während einer Retreatzeit in einem anglikanischen Kloster traf sie ihren späteren dritten Ehemann Benedict Baker. Beide konvertierten zur römisch-katholischen Kirche.

Im Jahre 1977 wurde ihr erstes Buch, *The Mystical Journey: A Western Alternative*, veröffentlicht, 1995 folgte *Paths of Solitude*. Nach der Pensionierung ihres Mannes von seiner Tätigkeit als anglikanischer Priester, zogen sich beide in ein Cottage in Wales zurück. Dort wurde sie nach ihren eigenen Worten zu einer „Semi-Einsiedlerin", die sich hauptsächlich mit Gebeten, Büchern und ihrem Garten beschäftigte. Daneben engagierte sie sich aber auch für die Initiative zur Zulassung von Frauen zum Priesteramt.

1992 übernahm sie die Leitung der ökumenisch ausgerichteten, internationalen Organisation der Gemeinschaft der Einsiedler (Fellowship of Solitaries), für die sie zahlreiche Newsletter verfasste und mit deren Mitgliedern sie korrespondierte. Sie starb im Jahre 2012 in Brecon.